神戸七福神

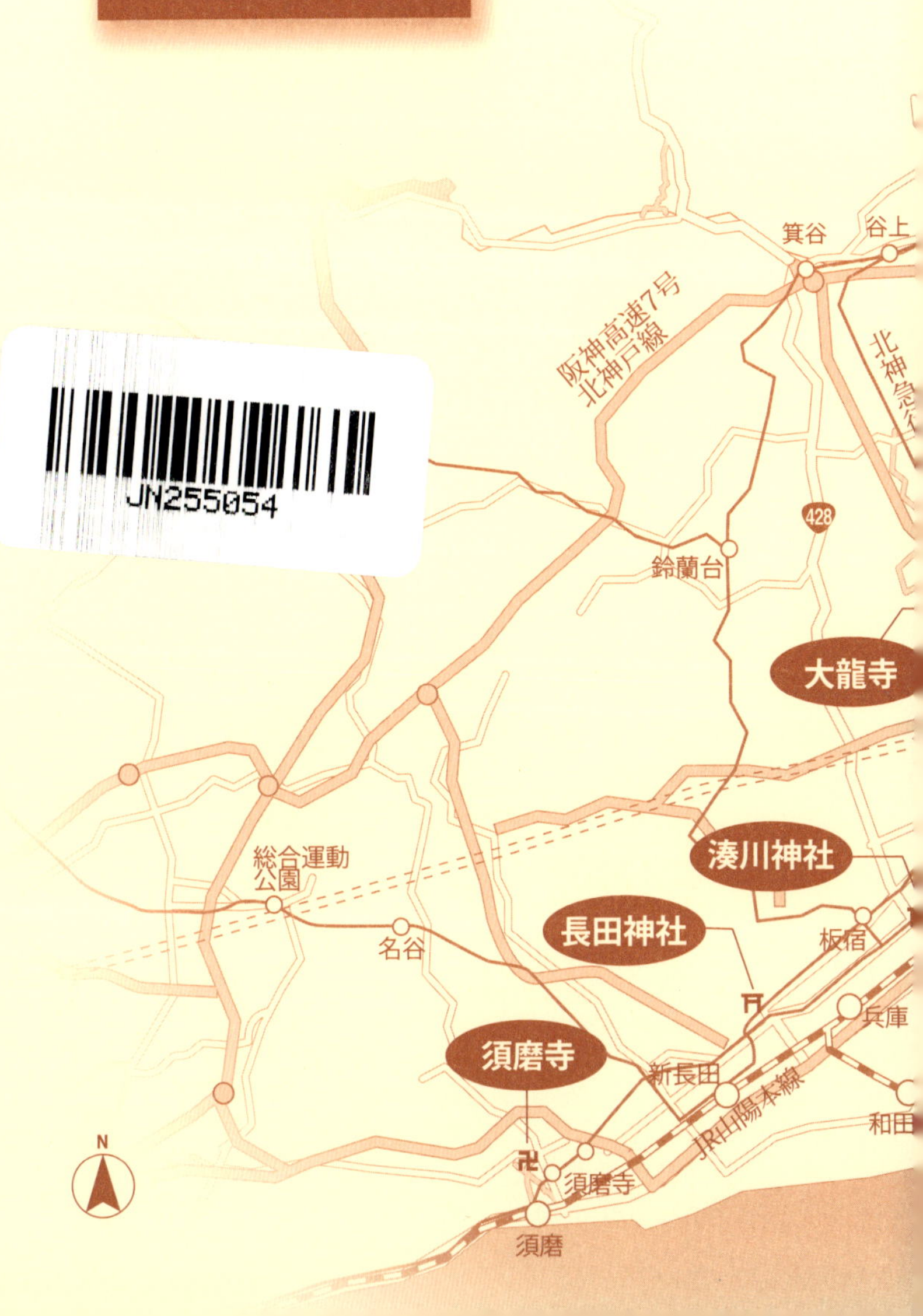

箕谷
谷上
阪神高速7号
北神戸線
北神急
428
鈴蘭台
大龍寺
湊川神社
総合運動
公園
名谷
長田神社
板宿
兵庫
須磨寺
新長田
JR山陽本線
和田
N
須磨寺
須磨

神戸七福神めぐり

〈はじめに〉

神戸七福神めぐりのすすめ

七福神は、福徳・福分をもたらす神、一般には富と繁栄をもたらす神として信仰されている七柱の神さまです（もちろん、七福神というときには、インドの仏も中国の星の神も人物も、すべて神と見なしています）。

福徳を授与する神仏への信仰は、狂言の『夷大黒』『夷毘沙門』などにも見られ、室町時代にはすでに、都市や商業の発展に伴って広まっていました。

七福神の起源には諸説がありますが、七福神はいわゆる地域社会（村落社会）を守り鎮める氏神や鎮守とは異なり、個人的な祈願の対象であり、個人的な信仰に基づくところに特徴があると言われています。

また、複数の神仏を巡拝する慣わしも古くから行われていました。そのうち、七福神はインド仏教の「過去七仏」や、中国の「竹林の七賢人」など、幸運や望みなどの成就の含みをもつ吉祥の数字とされる七にあやかって七つの神々が選ばれ、信仰されるようになったと思われます。

七福神信仰は、江戸時代の後期には、商人だけでなく、広く庶民の間にも定着し、新年に七福神を祀る社寺を巡拝して、福徳を祈り授かる「七福神詣《もうで》」が盛んになりました。

ところで、七福神には異説がありますが、一般的には次の七柱の神々です（括弧《かっこ》内は出身国と霊験・ご利益です）。

①大　黒　天（インドと日本――精神・清廉）
②恵　比　須（「夷」とも。日本――律儀・有福《うふく》）
③毘沙門天（別名「多聞天」。インド――威光）
④弁　才　天（「弁財天」とも。インド――愛敬《あいぎょう》）
⑤福　禄　寿（中国――人望）
⑥寿　老　人（中国――長命・寿命）
⑦布　　　袋（中国――大量）

この霊験・ご利益は、天台宗の天海僧正の説と言い伝えられています。だが、それぞれのお宮やお寺の由来や伝承によって、その霊験・ご利益にはかなりの異なりがあります。

ちなみに、神戸七福神の場合には、次のごとくであります（神戸の場合、巡拝の順番は特に決めていませんが、例えば西から東へ巡拝する例として）。

須磨寺―福禄寿尊―人望・牧慶富智
長田神社―恵比須神―福徳・商売繁昌
湊川神社―毘沙門天―威光・厄除開運
生田神社―弁財天―愛敬・良縁成就
大龍寺―大黒天―有福・開運招福
天上寺―布袋尊―大量・福徳円満
念仏寺―寿老人―寿命・不老長寿

それでは、続いて、もう少し七福神について補足説明してみましょう。弁才天は、もとはインドの水の女神で、音楽（芸能）と弁舌（才智）の神さまでした。その「弁才」が「弁財」と書かれるようになって、いつしか財福の神ともなったのです。大黒天と毘沙門天とは共にインド由来の仏法守護の神であります。このうち、大黒天は大きな袋を持つ姿から厨《くりや》（台所）の神、飲食を豊かにする神として祀られ、また日本の大国主命《おおくにぬしのみこと》とも習合し、農業神としても信仰されてきました。福禄寿と寿老人とは共に南極星の精で、人の寿命を司る星神とされ、中国の道教に由来します。布袋は中国は後梁《こうりょう》の実在の禅僧・契此《かいし》でありますが、円満で福徳あふれる姿から福神に加えられたのです。恵比須は日本の神である事代主神《ことしろぬしのかみ》と同一神と見なされ、商業神として、また海辺の漁民の信仰があつく、海運の守護神としても祀られてきました。

このように、福の神としての信仰が定着するにつれて、本来荒々しい姿であった恵比須・大黒・毘沙門天なども、柔和で円満な姿の画像として描かれ、または彫像として祀られるようになりました。いかにも、日本人の好みや心情に適った寛容な福の神となったのであります。この七福神の信仰によって、日本人のこころは随分豊かで明るくなったと思われます。

要するに、七福神は、「福」すなわち「さいわい・しあわせ・幸運」の神で、この福は神仏からの授かりもの、賜《たまわ》りものであると信仰されてきました。つまり、七福神は、富と繁栄をもたらす現世利益の神さまで、個人の願い・家族の幸せ・家門の繁栄・商売の繁昌など、福の恵みをもたらしてくださる幸運の神さまなのであります。

神戸の七福神を祀る七社寺の周辺には、海あり、山あり、街あり、公園あり、牧場あり、温泉のある観光の名所が連なっています。福を授かるために、また神戸の名所・旧跡を探訪するよすがに、神戸七福神めぐりをおすすめします。

なお、神戸七福神霊場は、昭和六十二年四月一日に、神戸開港一二〇年を記念・慶祝して開創されました。

神戸七福神会

神戸七福めぐり　目次

神戸七福神のめぐり方　83

神戸七福神霊場案内

福禄寿尊

上野山《じょうやさん》　須磨寺《すまでら》

真言宗須磨寺派大本山

神戸市須磨区須磨寺町4-6-8
☎078・731・0416

須磨寺が伽藍を構える須磨の地は、古くから景勝地として知られ、『源氏物語』第12帖「須磨」の巻の舞台にもなっている。白砂青松の須磨の浦は『万葉集』や『古今和歌集』など数多くの歌に詠まれ、現在では関西有数の海水浴場として人気を集めている。

当寺の正式な寺号は「福祥寺《ふくしょうじ》」だが、風光明媚なこの地にあって「須磨寺」の愛称で広く親しまれている。真言宗須磨寺派大本山で、仁和2年（886）、聞鏡上人が光孝天皇の勅命により開創したのがその始まりと伝わる。

山陽電鉄須磨寺駅から続く門前町の須磨寺前商店街を抜け、朱色の欄干があざやかな龍華橋を渡って仁王門をくぐると、広大な須磨寺の境内が広がっている。源平ゆかりの古刹として名高く、数多くの文人墨客が訪れており、句碑や歌碑をたどりながら歴史を偲ぶのも一興だ。

塔頭の桜寿院を過ぎれば、平敦盛と熊谷直実の一騎打ちの場面を再現した源平の庭に目を見張る。勇ましい馬上の姿をよく見ようと、ゆるやかな坂を登って近づくと、足の裏の感覚

平敦盛と熊谷直実の一騎打ちの場面を再現した源平の庭

の違いに気づかされた。コルクかなにかのような柔らかい感触なのだ。奥には宝物館があり、休憩所も併設されており、須磨寺小石人形舎を見学しながら一息つける。

　源平の庭前から先に進んで石段を登ると、正面に壮麗な本堂が姿をあらわす。本尊に聖観世音菩薩を祀り、創建当時には在原行平《ありわらのゆきひら》が参籠したと伝わる。行平は業平《なりひら》の兄で、『源氏物語』において光源氏の須磨での居所は、行平が須磨に蟄居したさいの佗び住まいの近くとして描かれている。現在の建物は慶長7年（１６０２）に豊臣秀頼により再建されたもの。内陣の宮殿は応安元年（１３６８）の建造で重要文化財に指定されている。

　本堂に向かって右手の建物が護摩堂で、そのそばには弁慶が一ノ谷の合戦で長刀の先に掛け

豊臣秀頼により再建された本堂

たと伝わる「弁慶の鐘」の鐘楼が立つ。実物の鐘は宝物館に展示されており、鐘楼に掛かっているのはレプリカのようだ。

鐘楼の横に鎮座するのが、神戸七福神の福禄寿尊。案内板に「頭を撫でて智慧袋のお徳を頂いて下さい」とあり、長い頭がつるつるに光っている。

本堂前から左手のほうへ進むと、大師堂、経木供養所、三重塔などの堂塔が立ち並び、いちばん奥の万霊堂は西国三十三所の観音石仏に囲まれてミニ西国霊場の様相を呈している。青葉殿の向かいの道は、駐車場に登るエレベーターのある建物へと通じており、車での参拝者はこの道を下って境内に入ることになる。

須磨寺参拝の楽しみは堂塔めぐりだけではない。参拝者に楽しんでほしいという住職の希望

鐘楼横に立つ福禄寿尊

により、境内には「おもろいもん」が数多く並んでいる。源平の庭のそばには亀の背中に乗った七福神を回して礼拝する「七福神マニコロ」や、目玉や首が回るカエルの石像「ぶじかえる」。石段の途中には手足のついたマニ車のようなもの。福禄寿像のそばには回るお堂の写経輪堂。納経所には須磨寺ゆかりの人物が登場するからくり時計。本坊・書院入り口にはボタンを押すとメロディを奏でる青葉の笛音楽碑。三重塔そばには頭を撫でると動き出す「五猿」や、音楽が鳴るシベリア慰霊碑の「ミーシャぐま」。

須磨寺は、堂塔伽藍の優美さや線香の香りで目や鼻を楽しませ、音の出る仕掛けで耳を驚かせ、柔らかい材質の道で触覚を目覚めさせてくれる。五感を刺激して元気をくれる体験的な寺なのだ。帰りには須磨寺前商店街で大師餅でもお土産に買って舌鼓を打ち、味覚の刺激で須磨寺参拝の締めくくりとしよう。

福禄寿尊《ふくろくじゅそん》

インド・中国・日本と、三国の福の神が集う七福神だが、福禄寿は中国の道教に由来する神さまだ。名前のとおり、幸福と封禄（富貴）と長寿を授けてくださる福の神で、南極星の化身ともいわれる。長頭短身で、経巻を結びつけた杖を手にし、鶴を従えた仙人のようなお姿であらわされることが多い。

「福禄寿お辞儀のときは後ずさり」という川柳があるが、それほどにも長い頭があらわしているのは、生きる知恵の大切さだ。福・禄・寿を授かりたいのであれば、精一杯頭を働かせ、努力もしなければならない。また、福・禄・寿を授かったとしても、ボケた頭ではそれを享受することができない。とはいえ、「福禄寿四五人前の頭痛がし」という川柳もあり、考えすぎて凝り固まっては前に進めない。

須磨寺の福禄寿さまは撫で仏となっており、ボケ封じの徳や知恵を授かりたい人々が笑顔で頭を撫でている姿が見られる。健康を願って体を撫でている人もいる。「銭磨きの福禄寿尊」とも呼ばれ、福禄寿の体で磨いたお金を財布に入れておくと、お金が増えるとのいわれがある。つるつるに光っている頭は、福禄寿さまが人々の願いに耳を傾けてきた証である。

'87.

福禄寿さまのような笑顔を

須磨寺管長　小池弘三

お釈迦さまは「一切皆苦」というお言葉を残されました。「一切」とは、我々の人生に起こるすべての事象を指します。それらは「皆」すべて「苦」であるというのですが、ここでいう「苦」とは苦しみのことではなく、「思い通りにならない」という意味になります。つまり「我々の人生とはいつも思い通りにならないものだ」という教えになります。このことを学ぶことが修行であるというのです。二千五百年前のお釈迦さまの時代では、その教えは人々の心に素直に受け入れられたかもしれません。しかし、社会がこれほど発達した現代の人々には、この教えはピンとこないかもしれません。なぜなら我々は快適な暮らしの中で、自分の思い通りになることが増えているからに他なりません。車があれば短時間で遠くまでいくことができ、エアコンがあればボタン一つで部屋の温度を調整できます。今では当たり前になっていますが、昔は考えられなかったことばかりです。我々はいつしか、思い通りになることを当たり前のこととして生活しているのかもしれません。そのような現代において、自分の思い通りにならないことが起こると、それを受け入れることができない人が増えてきているように感じます。近年にみる凶悪犯罪などもその表れの一つかもしれません。お釈迦さまは「一切皆苦」という真理を理解していないと「無明（智慧のない状態）」に陥るとおっしゃいます。無明の状態でいると、自分の気づかないうちに、他人を傷つけてしまうことや、自分自身の悩みを生み出してしまうことがあります。

人生とは上手くいかないほうが普通であり、苦しみがあって当たり前なのだという気持ちで過ごすことが肝要なのかもしれません。つまり仏教とは、苦しみを失くすための教えではなく、苦しみと共に如何に生きていくかということを説いた教えなのだと思うのです。

「心暗きときは即ち、遇う所悉く禍なり。眼明らかなれば即ち、途に触れて皆宝なり」という弘法大師のお言葉があります。心が迷いに閉ざされている時は、めぐり合うものはすべて禍いであり、悟りの眼を明らかに見開いていれば、会うものはすべて宝となるという意味です。嫌なこと辛いこと、面倒なことに直面した時にも、自分の心のあり方によって生き方は変わってきます。「心」のあり方と言いましたが、それは行動によって創ることができます。

それが「笑顔」ではないかと思います。笑顔で暮らすことは口で言うほど簡単なことではありません。腹の立つこともあれば、気がはずまない時もあります。笑顔には相当な忍耐と精進努力が必要なのです。また笑顔でいることで、周りにいる人の心を和ませ、幸せな気持ちにさせることができるので、立派な布施（見返りを求めない施し）という修行にもなります。笑って暮らすということで「布施」、「精進」、「忍耐」という仏教徒の目標がかなえられることになります。

「笑う門には福きたる」という諺にあるように辛いときほど笑顔でいることが大切なのかもしれません。幸せだから笑顔になるのではなく、笑顔でいるから幸せになれるのです。

須磨寺の福禄寿さんのにこやかなお顔は、私たちに「笑い」のご利益を授けてくださいます。皆様も是非笑顔でお参りになってください。

恵比須神

長田神社《ながたじんじゃ》

神戸市長田区長田町3-1-1　☎078・691・0333

地元の方に「長田さん」と呼ばれ親しまれている長田神社の門前町は活気に満ちている。商売繁昌の福の神・恵比須《えびす》さまのお膝元だからだろうか。道路をまたいで立つ赤い大鳥居に導かれ、長田神社前商店街を北にたどれば、やがて大通りから斜めに入った参道の先に、神社の東鳥居と鎮守の森の緑が目に入る。

長田神社の創建は、神功皇后《じんぐうこうごう》が朝鮮出兵から帰還された年とされている。神功皇后は朝鮮からの帰路、難波に向かう途中の海上で船が回って進めなくなり、武庫《むこ》の水門《みなと》で神占を立てられた。その際に、事代主神《ことしろぬしのかみ》を長田の国に祀れとのお告げがあり、これが長田神社の始まりとなった。

その際、同じ神戸七福神霊場の札所となっている生田神社には稚日女尊《わかひるめのみこと》が祀られることとなり、天照大神の荒御魂《あらみたま》が廣田神社に、住吉三神が住吉大社に祀られることとなった。神託に従うと海は静まり、神功皇后は無事に航海を続けることができたという。

正面の西鳥居から境内へ

正面の西鳥居から境内に入ると、右手に手水舎、左手には御朱印受付のある社務所が並ぶ。神門をくぐると、朱のあざやかな拝殿が厳かに立ち、その背後に本殿が鎮座する。

寛文元年（１６６１）に建立された社殿は、大正13年に漏電により焼失し、昭和３年に再建されている。神戸市内で戦災をまぬがれた唯一の大社殿として知られ、阪神・淡路大震災で甚大な被害をこうむるも復興をとげた。

主祭神の事代主神は大国主神《おおくにぬしのかみ》の子であり、国譲り神話の場面で釣りをしていたことから、海とかかわりの深い恵比須さまと同一視されるようになった。また、「鶏鳴の聞こゆる里は、吾が有縁の地なり」との事代主神のお告げにより、当地ではニワトリが神の使いとして尊ばれ、かつては数多くのニワトリが境内に放し飼いにさ

朱のあざやかな長田神社の拝殿

れていた。外国人からは「チキンテンプル」と呼ばれ、氏子は鶏肉や玉子を食すことを避けていたという。
島根の美保関などでは、朝が来る前に間違って鳴いたニワトリのせいで、未明に船を出した事代主神が鰐にかまれたという話が伝わっており、それ以後ニワトリを飼うことを嫌っていたというから、民俗信仰の展開の広がりに興味をそそられる。
本殿の裏手、北側に鎮座する摂社の楠宮《くすみや》稲荷社には、その名のとおり推定樹齢800年を超える御神木の楠が枝を広げている。この楠には苅藻川《かるもがわ》をさかのぼってきた神の化身であるアカエイが宿っていると信じられており、病気平癒、特に痔疾に霊験あらたかとされ信仰を集めている。毒のある長い尾を抜かれたアカエイが描か

拝殿に向かって左手には蛭子社が

れた絵馬は、ユーモラスで目を引く。

拝殿に向かって左手側には、神戸七福神の幟が立った蛭子《えびす》社が鎮座する。その右手には大国主神を祀る出雲社もあり、あいだには恵比須さまと大黒さまの石像が仲良く並んでいる。大黒さまは大国主神でもあり、恵比須・大黒は親子の福神ともいえる。

恵比須さまは、長田神社の主祭神である事代主神とされることもあるが、イザナギとイザナミの子である蛭子《ひるこ》神とされることもある。本殿と蛭子社両方ともお参りしておけば間違いない。

長田神社には、昭和3年の社殿再建を祝って横山大観が七福神の「宝船」の絵を奉納している。神さまのお姿は直接描かず、琵琶や杖など持ち物で象徴的に表現したものだ。七福神にゆかりの深い名社にふさわしい。

恵比須神《えびすしん》

恵比須神は、恵美主、恵比寿、恵美須、蛭子、夷、戎などとも表記される。

恵比須さまは七福神のなかで唯一、日本固有の神さまだ。とはいえ、「夷」「戎」などの表記からわかるように、渡来神や寄り来る神でもあり、異国の神としての側面も有している。宝船に乗って漂い来たる七福神のメンバーにふさわしい神さまといえる。

恵比須神は、記紀に登場する神さまとしては、事代主神《ことしろぬしのかみ》や蛭子《ひるこ》神と同定されている。事代主神は、国譲り神話で美保崎で釣りをしていることが記されており、蛭子神は国産み神話で葦舟に乗せられて海に流されたことが描写されている。ともに海にゆかりのある神さまだ。

恵比須さまは元来、漁村などで信仰を集めていた神さまで、釣り竿を持って鯛を抱えた福々しいお姿であらわされる。豊漁をもたらしてくれる神さまから、富をもたらす商売繁昌の神さまとしても信仰されるようになった。

漁村では、クジラやイルカ、サメなどの大きな魚も、魚の群れを知らせる豊漁のサインとなることから「えびす」と呼ばれる。長田神社の摂社・楠宮稲荷の絵馬に描かれているアカエイも、ある意味、えびすさまといえるのだ。

長田神社の創建縁起

長田神社宮司　脇　延秀

長田神社は、神功皇后摂政元年二月、皇后が新羅より御帰還の途中、武庫の水門において「吾を御心長田の国に祀れ」とのお告げにより、山背根子の女、長媛をして創祠せしめられた全国有数の名社である。

長田神社は古来、皇室をはじめ武門の崇敬篤く、延喜の制には、名神大社、月次、相嘗、新嘗の奉幣にあずかり、祈雨八十五座に数えられ、明治二十九年には官幣中社に列せられた由緒ある神社である。

御祭神は、事代主神と申し上げ、出雲の大国主神の御子神で、世に「えびすさま」「福の神」ともいわれている。商工業をはじめ、あらゆる産業の守護神であり、開運招福、厄除の神として崇敬され、神戸市民から「長田さん」として親しまれて、神戸市民の精神的基盤として大きな地位を占められている。

遠く神代の昔、平和と円満を心とされて、父神大国主神の「国譲り」の大業を助けられ、日本国家の基礎確立に大きな役割を果たされたほか率先して皇孫をお守りになり、やがて言霊鎮魂の神、国家鎮護、皇室守護の神として宮中八神殿に奉斎され、皇室の篤い崇敬を受けておられる。

降って、神功皇后の新羅御親征という国家非常の際、御神徳を現されて皇軍を守り、その御帰還の途中で自ら託宣されて海外発展の要地である神戸・長田の国にお鎮まりになった。国譲りにおける平和と誠の精神の具現、さらには現在世界の海に連なる港・神戸の繁栄を予知、啓示された御鎮座の由来は、まことに深遠、広大な御神徳と申すべく、およそ天地の間、すべての物事を照覧し給う広大無辺の御神徳は「於天事代《あめにことしろ》　於虚事代《そらにことしろ》　玉籤入彦《たまくしいりひこ》　厳之事代《いつのことしろ》主神《ぬしのかみ》」の御尊号に示される通りである。

長田神社の主なる祭典は、正月十日の本宮恵美主祭、二月三日に行われる兵庫県重要無形民俗文化財として指定されている古式追儺式神事、五月一日の神戸市の商工業の発展を祈願する商工祭、十月十七日から十九日までの御例祭（長田まつり）等である。

初詣は、開運招福を願う参詣者で溢れ、また、毎月一日は〝おついたちまいり〟と称え早朝より月々の福を願う多数の参拝者で賑わう。

毘沙門天

湊川神社《みなとがわじんじゃ》

神戸市中央区多聞通3-1-1　☎078・371・0001

楠木正成《まさしげ》公を祀り、「楠公《なんこう》さん」の愛称で知られる湊川神社は、生田神社・長田神社とともに神戸市民に広く親しまれている名社である。広い境内には、正成公殉節地や御墓所があり、楠公さんの遺徳を偲ぶために数多くの人が訪れている。

後醍醐天皇の忠臣として名高い楠木正成公は、足利尊氏軍との戦いにより、湊川の地で殉節された。正成公を慕う人々によって守られてきた墓所は、豊臣秀吉の太閤検地の際には免租地とされ、徳川の世に移ってからは、尼崎藩主青山幸利《あおやまよしとし》によって五輪石塔が建てられ、松と梅が植えられ整えられている。

元禄5年（1692）には、「水戸黄門」で知られる徳川光圀公により墓所が整備され、「嗚呼忠臣楠子之墓《ああちゅうしんなんしのはか》」の碑が建立された。光圀公は南朝正統論に基づく『大日本史』編纂に取り組まれ、幕末の志士たちに大きな影響を与えている。吉田松陰は正成公の墓所に4度も参詣し、墓碑「嗚呼忠臣楠子之墓」の拓本を松下村塾に掲げ塾生を鼓舞した。高杉晋作、久

本殿へと続く参道

坂玄瑞、入江九一、伊藤博文らの松下村塾門下のほか、坂本龍馬、西郷隆盛、大久保利通、木戸孝允ら数多くの維新の英雄たちが楠公の墓所に額ずいている。

幕末から維新にかけて、楠公顕彰の気運はいよいよ高まる。明治元年、明治天皇が神社創祀の御沙汰書を下され、明治5年5月24日に湊川神社の創建を迎えることとなった。

かつての社殿は春日造桧皮葺であったが、戦災によって焼失し、昭和27年に鉄筋コンクリート造で再建されている。白く輝くような壁面や柱が鎮守の森の緑に映え、楠公の清廉潔白さを現しているかのようだ。

「大楠公《だいなんこう》」と称えられる主祭神の正成公のほか、「小楠公《しょうなんこう》」と敬われる御子の正行《まさつら》公や弟の正季《まさすえ》卿以下御一族十六柱並びに菊池武吉《たけよし》卿が祀られ

鎮守の森の緑に映える明るい社殿

ている。

拝殿前から向かって左手に進むと、国指定文化財史跡でもある楠木正成公戦没地。正成公が弟の正季卿以下御一族と「七生滅賊」を誓われつつに殉節された地であり、清冽な気配が漂っている。

楠公墓所は、神門をくぐって境内に入ったすぐ右手のほうにある。亀趺《きふ》の上に立つ墓碑には徳川光圀公筆の「嗚呼忠臣楠子之墓」が刻まれ、裏面には明の遺臣朱舜水《しゅしゅんすい》の賛文が岡村元春の揮毫により刻されている。こちらも国の史跡に指定されている。近くには彫刻家平櫛田中《ひらくしでんちゅう》作の徳川光圀公像も立つ。

湊川神社が神戸七福神霊場の毘沙門天の札所となっているのは、楠木正成公が毘沙門天（多聞天）の申し子とされているからだ。正成公は、

打ち水がまかれ清冽な気配が漂う正成公殉節地

御母堂が信貴山の御本尊毘沙門天に日参祈願することで授かったと伝えられ、幼名も多聞と称した。

仏法守護の毘沙門天のように、皇室奉護のゆるぎない志を持たれた大楠公。湊川神社はその御心に触れ、自らの心を正される霊場である。

平櫛田中作の徳川光圀公像

毘沙門天《びしゃもんてん》

インド出身の仏教の護法神。元は古代インド神話のクベーラという財宝神に由来し、後に仏教に取り入れられ天部の神となった。

サンスクリット語のヴァイシュラヴァナの音を写したもので、「よく聞くところの者」という意味から多聞天とも訳される。持国天・増長天・広目天とともに四天王の一尊に数えられ、北方を守護する。

武神として信仰され、憤怒の相で甲冑を身につけ、右手に宝棒や三叉戟、左手に宝塔を手にするお姿で描かれる。笑顔や柔らかな表情で描かれることの多い七福神のなかにあって、凛とした像容は、ただ福を祈り願うだけでなく、自らを正すこともまた大切であることを説いているかのようだ。

武将の崇敬篤く、上杉謙信の「毘」の一字旗は広く知られている。湊川神社の御祭神である大楠公・楠木正成公は、幼名を多聞と称し、毘沙門天の申し子とされる。

勝運・厄除けの御神徳があり、たゆまぬ努力を続ければ、必ず厄を払い、福を運んでくださると信じられている。

'87
Masaru

大楠公

湊川神社宮司　垣田宗彦

湊川神社の御祭神は、「大楠公」と称えられる楠木正成公です。

その御誕生には、このようなお話が伝わっております。楠公の母君が、霊峰信貴山に日参し、御本尊毘沙門天に一心に手を合わせ「どうぞ御心あらば、よき子を授け給え」と祈りを重ねられ、夢の知らせを受けて身ごもり、晴れて出産の喜びを迎えられます。その嬰児こそ、後の大楠公楠木正成公だったのです。

楠公と毘沙門天との関係を語るには、何はさておいても『太平記』に求めねばなりません。そこには「河内国金剛山の西にこそ、楠多聞兵衛正成とて、弓矢取って名を得たる者は候ふなれ。これは敏達天皇四代の孫、井手左大臣橘諸兄公の後胤たりと云へども、民間に下って年久し。その母若かりし時、信貴の毘沙門天に百日詣でて、夢想を感じて儲《もう》けたる子にて候ふとて、稚名を多聞とは申し候ふ也」とあり、後醍醐天皇が笠置の行在所で、夢のお告げにより楠公の存在を知り、早速お召しになる有名なお話です。

さて、楠公の母君は、生まれたての嬰児「多聞」に、子守唄がわりに「お前はただの子ではない。信貴の毘沙門さまより授かった申し子ぞ。大きくなったら、必ず毘沙門様の御功徳にあやかってお国の為に精一杯つくすのだよ。その為に「多聞」の名まで頂戴した。その名を、くれぐれもはずかしめない様に。」と語って聞かせたといいます。

実は毘沙門天の別称が「多聞天」。その御名にあやかって「多聞」と名付けられたのです。

その多聞天とは、印度の四天王のおひとりで、霊山須弥山の中腹にあって、武神像を以て守護しまつる役目をもたれるのがこの多聞天です。我が日本にあてはめれば、須弥山に相当するのが御皇室と言え、よって天皇の御守護の大役を、武人として任ずるということになります。

このような意味を込めて、母君は、それこそ体の隅々にまで染み込む程に、嬰児楠公に語り聞かせたことでしょう。多聞は、長ずるに及んで近くの観心寺に学び、成人になるまで、河内長野の毛利時親より軍学を修められます。後醍醐天皇のお召しに応じ赤坂・千早に菊水の旗をなびかせられてより、ここ湊川の合戦で、遂に一族郎党「七生滅賊」を誓って見事殉節されるまでの、すばらしい忠臣ぶり、微動だにしない滅私の御精神は、まさに毘沙門天・多聞天の御加護を一心に受けられ、まさに「申し子」たる御活躍であります。

大楠公と毘沙門天との関係は、以上の様な次第です。

従って、当神社・毘沙門天に限れば、ただ御利益に預かりたい、福を授かりたいだけの自分本位のお願いではなく、むしろ毘沙門天の申し子たる楠公さんにあやかりたい。世の為お国の為にお尽くしさせて頂きたい。そのためには何よりも心身健全、家門生業ゆるぎなく、しっかりお守り頂きたいと。この様な気持ちをこそ、毘沙門天・多聞天・大楠公が何よりも愛でられ、そして願いを御嘉納遊ばされて、どこまでもお助け下さる事と思います。毘沙門天の化身とまで仰ぐ楠公さんにあやかるよう日々つとめれば、厄除安泰のもと、個々人の仕合せ、幸運に恵まれることと言えましょう。

弁財天

生田神社《いくたじんじゃ》

神戸市中央区下山手通1‐2‐1 ☎078・321・3851

生田神社が鎮座するのは、JR三ノ宮駅のすぐ近く。阪急・阪神の神戸三宮駅や地下鉄三宮駅からもアクセスできる神戸の中心地である。いくたロードを北上すると、六甲の山並みを背景にして、二の鳥居、三の鳥居、その先の楼門が遠望される。

繁華街に近いこともあってか、境内は数多くの参拝者でにぎわっている。神戸市民にとっては身近で親しみ深い神社であり、生田の森の緑に心癒される都会のヒーリングスポットでもある。神戸という地名も、生田神社に奉仕する封戸《ふこ》である神戸《かんべ》に由来するといわれ、まさに神戸を代表する古社である。

生田神社の創建は、同じ神戸七福神霊場に属する長田神社と同様で、神功皇后摂政元年《じんぐうこうごう》のこと。朝鮮から帰還し難波に向かっていた神功皇后は、武庫《むこ》の水門《みなと》で船が進まなくなり、神占を行ったところ、稚日女尊《わかひるめのみこと》より「吾は活田長峡国《いくたながおのくに》に居らんとす」とのお告げがあった。海上五十狭茅《うなかみのいさち》という者に、稚日女尊を生田の地に祀らせたところ、船を進めることができたと

境内に入って振り返ると、楼門の向こうに鳥居といくたロードが見える

伝えられている。稚日女尊は天照大神の和霊《にぎみたま》、あるいは妹神であるともいわれている。

　このときの神託により、天照大神の荒霊《あらみたま》は西宮市の廣田神社に、事代主神は長田神社に、住吉三神は住吉大社に祀られることとなった。

　当初の鎮座地は生田川上流の砂山《いさごやま》（布引山）であったが、延暦18年（799）の洪水で松の木が倒れ社殿が壊されたため、現在地の生田の森に遷された。往古の生田の森は広大な森林で、歌枕としても名高く、四季折々に数多くの歌に詠まれている。

汐なれし生田の森の桜花
　春の千鳥の鳴きてかよへる（上田秋成）
秋とだに吹きあへぬ風に色かはる
　生田の杜の露の下草（藤原定家）

生田の森はまた、源平の合戦や、楠木正成・

女神の稚日女尊が祀られているからか、拝殿にも優美な雰囲気が漂う

新田義貞の南朝方と足利尊氏の北朝方の合戦の舞台ともなっている。第二次大戦の神戸大空襲では本殿などの建物とともに森も焼かれたが、残った楠の古木が芽吹き、現在では鎮守の森が再生され、市民の憩いの場となっている。

生田神社境内には松の木がない。これは当初の鎮座地で水害にみまわれた際に、松の木が倒れて役に立たなかったことから、生田の神さまは松の木が嫌いになられたからだという。お正月も門松の代わりに「杉盛り」が飾られるというからおもしろい。

神戸七福神の弁財天が祀られているのは、生田池そばの市杵島《いちきしま》神社（弁天社）だ。祭神の市杵島姫命は水の神さまで、弁財天と同一の神さまとされている。芸術の神さまでもあり、良縁祈願の参拝者が絶えない。

弁財天を祀る市杵島神社は生田池のそばに鎮座する

数多くの歌に詠まれ、現在では市民の憩いの場となっている生田の森

弁財天《べんざいてん》

インドに起源を有する神さまで、ヒンドゥー教の創造神・ブラフマーの妻である女神、サラスヴァティーに由来する。古代インド神話では聖なる川の化身であり、音楽・芸能・弁舌・知恵・財福の神として信仰されている。

仏教にも取り入れられ、弁財天、弁才天、妙音天、美音天などと訳され、弁天さまと呼ばれ親しまれている。『金光明最勝王経』の「大弁才天女品」では、八臂に弓・矢・刀などの武器を持つと説かれており、軍神のような勇ましい図像もある。七福神のなかでは、唯一の女性の神さまとして、琵琶を手にする優美なお姿で描かれる。

水辺に祀られることが多く、日本では神仏習合思想により、宗像《むなかた》三女神の市杵嶋姫命《いちきしまひめ》と同一の神さまとされている。生田神社でも、生田の池のほとりに市杵島神社（弁天社）が鎮座する。市杵嶋姫命は厳島神社（安芸の宮島）の御祭神でもあり、「いつくしま」は市杵嶋姫命の神名が転じたものと考えられる。

宇賀神と習合して宇賀弁才天として信仰されたり、大黒天・毘沙門天と合一して三面大黒天として祀られるなど、日本独自の信仰形態も多様である。

'87
Masaru. N

神戸と生田神社

生田神社宮司　六車勝昭

今日もまた全国各地より数多くの老若男女の参拝の方で境内は賑わいをみせています。三ノ宮の繁華街の真中にある事もありますが、朱塗の本殿と楼門が幸福と元気の源となっているようで若いカップルの姿が目につきます。特に本殿の北にある生田の森には小さな川の細流と四本の樹齢六百年になる楠の老樹があり、パワースポットの森として神戸の市民の憩いの場となっています。

生田神社の廻りは商店や飲食店がいっぱいで現在に生きる神社といった感じですが、実は大変な古社です。日本書紀巻九に神功皇后外征よりご帰還の砌、瀬戸内海を航行中船が廻旋して前に進むことが出来なくなり務古の水門にたちより神託をされます。この時、稚日女尊が現われ「吾は活田長狭国に居らむと思ふ」とのたまわれ、祭られたのが西暦二〇一年のことで一八〇〇年以上の歴史を持つ古社であります。

そしてそもそも「神戸（こうべ）」という地名は大同元年（八〇六年）四十四戸の生田神社を守る神の封戸「神戸（かんべ）」を与えられたのが始まりです。

また「生田の森」の名を全国にひろめたのは、源平の合戦です。寿永三年（一一八四年）二月、東は生田の森を大手の木戸口として、西は一ノ谷にかけて一帯が戦場となりました。その時境内に咲く梅の一枝を胡簶（矢を入れる道具）に挿して戦った風流武士としての梶原景季の逸話が『平家物語』に書かれています。

現在の三ノ宮の賑わいに反して江戸時代までは、このあたりは六甲の山脈と海にはさまれた平坦な田舎で田畑ばかりで人影も少ない所で神社は古代より生田の森に包まれ静かに鎮座してきました。

明治元年（一八六八年）一月一日神戸は世界に向けて開港いたしました。港を中心として独自の神戸文化を創造し、国際港として発展していきます。生田神社も神戸開港機には、旧外国人居留地が神戸の門前につくられ、境内にはフランス領事館が置かれ、生田の森のすぐ東隣に競馬場が出来、明治初年には国際競馬が行われました。

今では神社の界隈に仏教寺院のほかキリスト教会、回教寺院等国際色豊かな地域となっております。国際化時代を迎える中、生田神社では神道民族芸能団などを介して各国に国際交流の輪も広げております。

このように生田神社は、歴史的にも文化的にも「神戸の町」とともに歩んできまして、活き活きとした神社とし、神戸の守護神として人々に愛されつづけております。

大黒天

再度山《ふたたびさん》　大龍寺《たいりゅうじ》

東寺真言宗

神戸市中央区神戸港地方字再度山1－3　☎078・341・3482

神戸三宮の北、六甲山系に連なる再度山は、弘法大師空海ゆかりの地として知られる。大龍寺が甍を並べるのは再度山山頂のすぐ南で、山号も再度山と号する。

再度山への道はハイキングコースとしても人気があり、新神戸駅から布引の滝、布引貯水池をへて再度公園まで登れば、多彩な風景が楽しめる。兵庫県庁北の諏訪山公園下バス停から猩々池をへて再度山へと至る道は「大師道」と呼ばれており、大龍寺への参詣道として栄えた古道。六甲山系で盛んな毎日登山発祥の地でもある。

この地が「再度山」と呼ばれるようになったのは、唐に渡る前に訪れた大師が帰国後に再び登拝されたことに由来する。延暦23年（804）、入唐の年、大師は当寺の御本尊に旅の所願成就を祈られた。長安の青龍寺で恵果阿闍梨《けいかあじゃり》より真言秘密の大法を授かり、無事に帰国をとげられた大師は、上京の途中で再び当山に参籠されたと伝わる。大師は7日間にわたり御本尊に報恩謝徳の秘法を修せられ、修法された霊地は「修法ヶ原《しおがはら》」と名づけられている。

再度山ドライブウェイ沿いに立つ赤門

修法ヶ原は、大龍寺本堂の西側から少し北に歩いた再度公園あたりで、一帯は国の名勝に指定されている。紅葉の名所としても知られ、修法ヶ原池のほとりには散策路が設けられ市民の憩いの場となっている。

寺の創建は神護景雲2年（768）にさかのぼる。称徳天皇の勅命により、寺院建立の霊地を求めて摂津の国に入られた和気清麻呂《わけのきよまろ》公は、当地で僧道鏡《どうきょう》の刺客に命をねらわれた。そのとき、どこからともなく一匹の大蛇が現れ、驚いた刺客は一目散に逃げ去ったという。大蛇が消えたあとには聖如意輪観世音菩薩が立っておられ、観音さまの霊験を感じた清麻呂公は当山に伽藍を建立され、「大龍寺」と名づけられたと伝えられている。

大龍寺の入り口は、再度山ドライブウェイ沿

聖如意輪観世音菩薩を祀る本堂

いの大竜寺バス停そばに立つ「赤門」と呼ばれる山門だ。当寺は神戸七福神のほか、近畿三十六不動尊霊場、西国愛染明王霊場、神戸十三仏霊場、ぼけ封じ近畿十楽観音霊場などの札所にもなっており、山門に霊場名を記した看板等がかかっている。

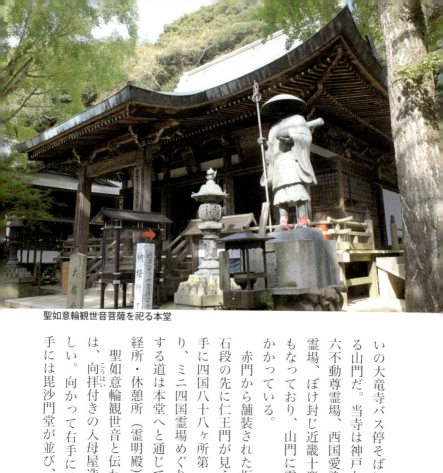

赤門から舗装された坂を登ると駐車場があり、石段の先に仁王門が見える。門をくぐると、左手に四国八十八ヶ所第一番の石仏が祀られており、ミニ四国霊場めぐりの道が分かれる。直進する道は本堂へと通じており、途中で右手に納経所・休憩所（霊明殿）への道が分岐する。

聖如意輪観世音と伝わる菩薩立像を祀る本堂は、向拝《こうはい》付きの入母屋造で、銅板葺の緑青が美しい。向かって右手には不動堂（護摩堂）、左手には毘沙門堂が並び、イチョウの木が枝を広

本堂の向かって左手に立つ毘沙門堂

げて荘厳な空気を醸し出している。

　神戸七福神の大黒天が祀られているのはこの毘沙門堂であるが一般公開はされていない。その代わり納経所の霊明殿で御前立の三面大黒天を拝することができる。七福神のうちのいずれかの福神さまの像が納められている開運招福の「七福神おみくじ」も設置されており、神戸七福神めぐりの参拝者におすすめだ。

霊明殿に鎮座する三面大黒天

御朱印受付がある霊明殿

大黒天《だいこくてん》

大黒天は、インドのヒンドゥー教のシヴァ神の異名、マハーカーラに起源を有する。マハーカーラの「マハー」は般若心経などでもおなじみの「摩訶」で、「大いなる」という意味。「カーラ」は「暗黒」「時間」などを意味する。戦闘や財福を司る神である。

仏教に取り込まれて大黒天と漢訳され、仏法を守護する天部の神となった。元来の姿は黒色の体に憤怒の相であったが、「大黒」が「大国」に通じることから神道の大国主命《おおくにぬしのみこと》と習合し、ふくよかで微笑をたたえた「だいこくさま」として福の神の代表となる。大黒天の使いがネズミとされ、子《ね》の日が縁日とされているのも、大国主命が野原で火に焼かれそうになったときにネズミに助けられたという日本神話の影響だ。

頭巾をかぶり、大国主のように福袋をかついで、打出の小槌を手にしたお姿で描かれる。米俵に乗っている像も一般的で、戦闘神としての側面はなりをひそめ、財福や食物を司る神さまとして信仰を集めている。

大龍寺の三面大黒天は、正面に大黒天、右面に毘沙門天、左面に弁財天の3つの顔を持つ。七福神のうちの三神が合体したお姿だ。

'87.
Magaru. N

大黒様のお話

大龍寺住職　井上宥恵

大黒様は、インドの名前をマハー・カーラといいます。マハーは大きい、カーラは黒という意味なので大黒という事です。

中国からインドを旅した僧侶義浄がインド寺院の様子を描いた書物『大唐西域記』で、インドの寺院の食堂や倉の入口には、袋を持ち椅子に座った神像が祀られ、いつも磨かれているので黒々としており、それでその神像の名を大黒天と呼ぶのだと報告しています。

また、あるインドの寺院を予定外の修行者が訪れましたが、食材は限られており、その修行者の分は取ることができないので、料理番の老婆は台所に祀ってあった大黒天に香や華や食べ物を供えて、多数の修行者の食事が不自由しないように祈念しました。すると食事は全員に行き渡ったといいます。この話が伝わった後、中国では大黒天を厨房に祀る風習ができました。日本では中国留学から帰り、比叡山を開いた伝教大師最澄が寺院内の円満を祈念して厨房に祀ったのが最初と言われます。その大黒天は大龍寺に祀っているものと同様で三面の大黒天です。

大龍寺の大黒天は中央に大黒天、向かって左に毘沙門天、向かって右に弁財天の顔を持ち、六本の御手、弁財天は鍵と宝珠、大黒天は小槌と袋、毘沙門天は如意棒と鉾を持ち、各天それぞれの願心を表しています。お姿は狩り衣、丸く縁が広い大黒頭巾、福徳円満なにこやかな顔で、左肩には大きな袋を背負い、右手には打ち出の小槌を持ち、二俵の米俵の上に蓮の葉を敷いて立っておられます。二俵の米俵の上に立っておられる姿は、小槌からいくらでも米は出せるが、二俵あれば十分であるという「知足」の徳を司る尊であると言われています。真中の大黒様より沢山の財福を頂戴し、毘沙門天様がしっかり護り、弁天様が音楽を奏でて下さる福徳共に円満な大黒天です。

平安中期ごろから仏教の大黒天と神道の大国主のみことが結びついてきました。出雲の伝説に出てくる大国主のみことです。大国主のみことは五穀豊穣、農業の振興、畜産を奨励した話や、ワニザメに皮をはがれて苦しんでいる白兎を助けた話で有名です。どちらも「だいこく」と読むことから、両者の特性を一つに合わせて、新しく財福の神となりました。

室町中期ごろ西宮の夷三郎《えびすさぶろう》と大国主のみことが並んだ形で祀られるようになりました。二つの福の神を並べて祀る風習は、七福神成立以前にできあがっていて、七福神が成立した後も大黒天と夷《えびす》を並べて祀る風習は衰えなかったようです。恵比須（夷）・大黒と並んで信仰され、恵比須神は海や漁業の神として、大黒天尊は陸や農耕の神として庶民に親しまれています。

大黒天の縁日は甲子《きのえね》の日です。江戸時代になると、ますます三面大黒天は庶民に愛されるようになり、甲子《きのえね》の日には三面大黒天を祀っている社寺に多くの人々が参拝に訪れるようになりました。

槌を持った再度山大龍寺の三面大黒天様は、優しい丸いお顔で大きな袋を肩にかけ、大黒頭巾をかぶり、米俵にのり、打ち出の小槌を持ったおなじみの姿で、皆様をお待ちされています。

布袋尊

摩耶山《まやさん》　天上寺《てんじょうじ》

高野山真言宗

神戸市灘区摩耶山町2－12
☎078・861・2684

仏母摩耶山忉利天上寺《ぶつもまやさんとうりてんじょうじ》といえば、近松門左衛門の歌舞伎『仏母摩耶山開帳』にも登場する由緒ある名刹である。この作品は、元禄6年（1693）、上方歌舞伎を代表する京の名優、初代坂田藤十郎に頼まれて近松が執筆したもので、彼が浄瑠璃を離れ歌舞伎の脚本に打ち込むきっかけとなった。

「扨《さて》も摂州菟原《うはら》の郡《こほり》仏母摩耶山と申し奉るは、其の上《かみ》釈尊四十二歳の御時、忉利天《とうりてん》にして御母摩耶夫人《おんははまやぶにん》尊像を、十一面観音に刻ませ給ふ」と名調子で始まる導入部で、摩耶山の縁起が述べられている。

天上寺は大化2年（646）、孝徳天皇の勅願により、インドから渡来した法道仙人《ほうどうせんにん》が開創したと伝えられる古寺。御本尊は『仏母摩耶山開帳』でもふれられているように、お釈迦さまが42歳の厄年に感得された一寸八分の純金の十一面観音立像で、法道仙人作の木造十一面観音立像の胎内に納められている。法道仙人自刻の十一面観音は33年に一度開帳される秘

壇上伽藍への入口。正面に摩耶夫人堂

仏で、次回の開帳は2019年となっている。

天上寺はまた、お釈迦さまの生母・摩耶夫人を祀る日本唯一の寺として名高い。摩耶夫人堂は、大同年間に弘法大師空海により建立された由緒を持ち、摩耶夫人尊像は、梁の武帝が香木で刻んだ像を大師が日本に請来されものと伝えられている。安産腹帯発祥の寺として知られ、「女人守護の本山」「女人高野」「女人の御寺」とも呼ばれ親しまれている。

摩耶山天上寺前バス停から、山号・寺号の刻まれた石標のあいだを通って境内へ。西山門をくぐって石段を登れば、参道沿いのカエデが緑陰をつくる。紅葉の季節にはとりわけ絵になる風景が心を癒す。

石段を登り詰めた高台には、壮麗な金堂や摩耶夫人堂が甍を並べ、摩耶天空之庭が天上界に

お釈迦さまの生母・摩耶夫人を祀る摩耶夫人堂

開かれたような開放的な空間を演出している。空気の澄んだ晴れた日には、淡路島や明石海峡大橋、かなたに霞む小豆島まで見渡せる。

かつての天上寺は、掬星台《きくせいだい》から下った摩耶山の南尾根にあった。茅渟《ちぬ》の海（大阪湾）を眼下に守護する位置にあり、沖を通る船は帆を下げて航海の安全を当山に祈願する慣わしがあり、御本尊の観音さまは「帆下げ観音」の愛称で親しまれていた。昭和51年1月に火災で諸堂を焼失し、現在の境内は法道仙人開創の元摩耶の地、摩耶別山に移されて復興をとげた。風格ある金堂は昭和60年の再建になる。

金堂の宮殿《くうでん》内に奉安されているのは、十一面観音・不動明王・毘沙門天の秘仏三尊。お前立ちには十一面観音・如意輪観音・聖観音・千手観音・馬頭観音・不空羂索観音・准胝観音の七

秘仏三尊を奉安する壮麗な金堂

観音が並び立ち、立体曼荼羅のようで圧巻だ。神戸七福神の布袋尊は金堂内の向かって左手の脇間に祀られている。

天上寺には、春分の日頃に催される摩耶詣、5月8日の仏母会など数々の年中行事がある。なかでも8月8日から9日にかけて行われる四万六千日大祭は、この日にお参りすると四万六千日分の御利益があるとされており、参拝者でにぎわう。

9日午前0時には御本尊の観音さまに向けて除災招福の星が下るという言い伝えがあり、「星下り会式」とも呼ばれ、神戸の夏の夜の風物詩となっている。

金堂内に祀られる神戸七福神の布袋尊

布袋尊《ほていそん》

布袋和尚は他の福神とは異なり、後梁《こうりょう》（唐末頃）に実在した仏僧だ。明州（現在の中国浙江省）出身で、名は契此《かいし》というが、常に大きな布の袋をかついで乞食し、喜捨されたものを袋にほうりこんでいたことから「布袋」と呼ばれるようになった。

人の運命や天候を予知したり、死後もその姿を現すなど不思議な逸話が多く、弥勒菩薩の化身ともみなされている。

太鼓腹で福徳円満なユーモラスな風貌に加え、物に拘泥することなく俗世を自由に闊歩する姿が禅の理想にも通じ、禅画や詩文の題材として数多く取り上げられている。なかには、恵比須さまと首引きしている図や、大黒さまと賭博をしている図などもあり、布袋さまが七福神の仲間入りをするのも自然な流れに思われる。

摩耶山天上寺の金堂に祀られる布袋さまは、明治の初年頃に中国の人たちから奉納された尊像で、日本在住の中国人からの信仰も篤い。海上安全の守り本尊として崇敬され、往古より中国との文化交流が深いこの寺にふさわしい。除災与楽のほか、子宝や子どもの無病息災にもご利益があると信仰を集めている。

'87
Masarei.N

少欲知足

摩耶山天上寺貫主　伊藤浄厳

七福神の一つになぜ実在の人物である布袋さまが加えられるようになったのでしょうか。その意味について考えてみましょう。

周知のごとく、布袋さまは寺を持たず、生活に必要な最小限のもの以外は何も所有せず、生涯定住せずに、各地を遊行《ゆぎょう》して多くの迷い苦しむ人々を救済されました。言いかえれば、布袋さまは一切の煩悩束縛を断ち切って解脱《げだつ》し、悟りの境地に安住して、自由自在に生を全うされたのです。この布袋さまの境地は次のように言われています。

無一物中無尽蔵

「無一物」とは何も持たないことで、一切の煩悩欲望を離れた空無の境地。「無尽蔵」とはすべての物を包蔵しても尽きないこと、言うなれば何もかもが無尽に入り得るということで、無限の功徳を有するという喩《たと》え。要するに全てのものを受け容れる度量が具わった悟りの境地を言い表わしているのです。

しかるに、私たちの煩悩や欲望は尽きることがありません。欲しいものが手に入れば、当分の間は満足が得られます。だが、欲望は次々に膨《ふく》らみ、さらに大きな欲望へと増幅します。そして、所有物が増えれば増えるほど、却《かえ》って物に束縛されて自由を失い、居心地の悪い思いをします。何もかも捨ててしまいたいという衝動にも駆られます。飽食《ほうしょく》に厭《あ》きることもあります。これは私たちがしばしば経験するところです。

今日、世界は人間の欲望に基づく環境破壊により、貧富の差、食糧難、戦争など、さまざまな矛盾と混迷に喘《あえ》いでいます。

このような時代だからこそ、私たちは無一物は無理としても、少欲と知足の意義を見直すべきでしょう。少欲知足とは、欲が少なくわずかなもので満足することです。この少欲知足の必要性や功徳は、多くの仏典に説かれています。

足るを知らざる者は富めりと雖《いえど》も貧し。足るを知る人は貧しと雖も富めり。(『仏遺教経《ぶつゆいきょうきょう》』)

ところで、七福神めぐりは、一般には最後に布袋さまに詣でることが多いようです。総じて、私たちは富や繁栄などの現世利益を求めて福神めぐりをしますが、すべての欲望や願いが充足すれば、最高の満足が得られるかと言えば、決してそうではありません。無一物は不可能でも、少欲知足の境地に到達してこそ、本当の満足が得られると思います。だが、はじめからこの境地に達することは至難です。多くのものを所有し、財を蓄えて、やっと少欲知足という束縛のない自由な境地を望むようになり、無欲の清々《すがすが》しさ有難さが分かるのです。そして、持てるものを貧しい人々に、迷える人たちに施すという善行《ぜんこう》に究極の幸せを覚えるものなのです。

このように、七福神の中に布袋さまが加えられたということには、深い宗教的な意味が寵められているのです。言うなれば、福を求める巡拝が、ついには無欲の境地にまで高まり得ることを示唆《しさ》しているのです。このように、七福神信仰には日本人の寛容な信仰、豊かな智恵が盛り込まれているのであります。

寿老人

摂取山《せっしゅざん》　念仏寺《ねんぶつじ》

浄土宗

神戸市北区有馬町1641　☎078・904・0414

念仏寺が甍を並べる有馬温泉郷は、道後温泉・白浜温泉とともに日本三古湯に数えられる名泉だ。大己貴命《おおなむちのみこと》（大国主命）と少彦名命《すくなひこなのみこと》の二柱の神がこの地を訪れたとき、怪我をした3羽のカラスが水を浴びて傷を癒しているのを見て温泉を発見されたのがその始まりと伝えられている。

有馬温泉へは、電車を乗り継いだり、三宮や大阪駅から高速バスでもアクセスできるが、摩耶山天上寺を訪ねたあとに、六甲有馬ロープウェーで空中散歩を楽しみながら向かうのも楽しい。念仏寺を神戸七福神めぐりの締めくくりにするようプランを立てれば、満願のあとでゆっくりと温泉を楽しむこともできるのでおすすめだ。

念仏寺が創建されたのは天文7年（1538）のこと。当初は有馬谷ノ町にあったが、慶長年間に現在の寺田町に移された。この地は豊臣秀吉の正室、北政所ねねの別邸跡といわれている。

有馬温泉郷の一角に古いたたずまいを残す念仏寺

現在の伽藍は正徳２年（１７１２）の再建になり、有馬ではいちばん古い建造物だ。棟札や本堂正面の大障子の桟に記された文字から建立の年が確定されている。

御本尊の阿弥陀如来立像は、鎌倉時代の仏師安阿弥快慶の作と伝えられる。向かって右手に観音菩薩、左手に勢至菩薩を従え、きらびやかなお厨子のなかに奉安されている。脇侍の勢至菩薩は神戸十三仏霊場の仏さまでもある。

念仏寺の庭は、古くから「沙羅樹園」と呼ばれている。樹齢３００年といわれる沙羅双樹の大樹があり、毎年６月の半ばから下旬頃に純白清浄の花を咲かせる。

沙羅の花は朝に開き夕べに散る一日花だ。日本で沙羅と呼ばれている花はナツツバキで、インドの沙羅双樹とは異なるが、諸行無常のこと

念仏寺の伽藍は有馬温泉最古の建造物

わりを伝える仏教の象徴的な花として親しまれている。花の季節には「沙羅の花と一弦琴鑑賞会」が開かれ、大勢の参拝者でにぎわう。

神戸七福神の寿老人が祀られているのは、本堂に向かって左手にあるお堂。堂の扉には「おんばざらゆせいそわか」という寿老人の真言が貼られている。延命長寿の願いをこめて、普賢菩薩の延命呪が中国の寿老人に割り当てられているのだ。

念仏寺周辺の寺田町界隈には、極楽寺、温泉寺、湯泉《とうせん》神社など歴史ある寺社が集まっている。有馬の古いたたずまいをよく留めており、周辺の散策も楽しい。

「金の湯」「銀の湯」という公共の日帰り温泉もあり、土産物店や食事処が並ぶ路地を散策すれば、温泉街の風情に身も心も癒される。

神戸七福神を祀るお堂は本堂に向かって左手のほうにある

有馬の旧家に伝わっていた小像と新たに造立された寿老人が祀られている

寿老人《じゅろうじん》

寿老人は南極星の化身といわれ、福禄寿と同体異名とされることもある。南極星は竜骨座のアルファ星、カノープスの中国名で、老人星、南極老人とも呼ばれ、人の寿命を司る星と考えられている。

中国の道教は不老長生を志向するが、寿老人はある意味、道教の理想をかたちにしたような神仙ともいえる。長い白ひげをたなびかせた好々爺然とした風貌で、巻物をつけた杖を持ち、長寿の象徴とされる鹿を連れている姿で描かれることが多い。

七福神の成立には「竹林の七賢」の影響があると考えられているから、寿老人・福禄寿・布袋尊と中国由来の神さまが多いのもうなずける。

念仏寺に伝わる寿老人は、かつて有馬温泉で高貴な方の宿とされていた旧家から寄進されたものという。小さな像であるため、神戸七福神霊場開創に合わせ、新たに別の像が一体造立されることとなった。京の仏師の手になる、本楠一木造り、二尺五寸の尊像だ。

日本第一神霊泉と讃えられる有馬温泉は、寿老人霊場の地にふさわしい。当地を訪れる人の健康長寿の願いに応えてくれることだろう。

'87.
Masaru. N

禁断の話

念仏寺住職　永岡眼心

春夏秋冬、季節は12か月を4分割に分けて考えられていますが、古来、日本人は4分割のそれぞれを6つに分け24節気で季節の移ろいをみていました。例えば、立春、春分、立夏、夏至、秋分、立冬等、一節気ごとに、なるほどと納得する意味がつけられています。

2月の半ばは「雨水」。雪は雨となり、氷も溶けて水となる時期。3月初旬は「啓蟄《けいちつ》」。啓はひらくという意味で、冬眠していた虫などが暖かさに誘われて地上に這い出す時期。六甲山の北側にある有馬温泉で自然と共に暮らしていますと、先人の季節に対する細やかな感性に一つ一つ感心せざるを得ません。

「凍て蝶」。これは、冬まで生き延びて越冬する蝶の事で、寺の周辺でも樫の木などの葉の裏を丁寧に探すと、ウラギンシジミ蝶が羽を閉じて越冬する姿を見つけることができます。

有馬には「温泉の道」という、冬を表現する独特の言葉があります。雪の日、地下を走る温泉のパイプ熱が雪を溶かして、その上に雪が積もらない道の事を言います。念仏寺の神戸七福神寿老人さんを奉っているお堂の前にも、その温泉のパイプが走っており、雪の日そこだけは雪が溶けて1本の道が出来ます。

数年前の大寒、「温泉の道」ができた大雪の日に、忘れられない出来事がありました。寿老人のお堂前のマンホールの蓋の上に、小さな子猫が身動きもせずにうずくまっていました。ガリガリにやせ細った身体は冷えきっており、かすかにまだ息があるような状態でした。母親とはぐれて、冬の夜をさまよい、最後に辿り着いたところが、温泉の道の暖かいマンホールの上だったのでしょう。慌てて、動物病院へ。それから3、4日、身動きをほとんどしない彼女に、湯たんぽ・飲み物用スポイト等を駆使し見守りを続け、ようやく4日目にして、立ち直りを見せ始め、そして季節が大寒から立春に移る頃には、庭でじゃれるまで回復しました。現在、シジミという名前で寺をネズミから守っております。

我が家の一員になって一緒に暮らしてみると　不思議にいろんなことが上手くいっているのに気がつきました。子供たちの結婚、孫たちの誕生等、喜ばしいことがふえました。こんな出会いもあるのだと、今はシジミと名付けた猫に感謝です。

職業柄、いろんなところでお話をさせていただきますが、ある時この〝シジミ〟の話をする機会がありました。その時に、シジミが今元気でいられるのは、最後の場所として横たわったマンホールが偶然にも、寿老人さんの前であった事、不老長寿の寿老人さんの慈悲によって命を助けられた事、また、命あるものの大切さと出会いの不思議、七福神のご利益が一つでなく、その出会いによって、二つにも三つにも広がっていく事、そんなお話をさせていただきました。その時は大変喜んでいただき、帰り際に多くの方が寿老人さんに家族、兄弟の健康や長寿を祈っておられたことを覚えております。

さて、なぜこの話が表題の「禁断の話」かと言いますと、それから2、3日後の朝、寿老人さんのお堂の扉をあけますと、段ボールに入った子猫が5、6匹、ニャーニャーと鳴いていました。それ以来、この話は我が寺で「禁断の話」となっております。

しまった！　またこの話しゃべってもた!!

七福神信仰について

京都女子大学教授　豊島　修

はじめに

わが国の庶民信仰（民俗信仰）には、外来宗教としての仏教（文化）が伝来する六世紀中頃以前から、多くの神々を信仰している。そのなかには名前のつかない固有の神々も多くあったが、その一つに「福神信仰」がある。この福神信仰の由来については、すでに喜田貞吉氏の「福神沿革概論」[1]が、研究としては早いのである。さらに喜田氏の論文十八編が掲載され、のちに一冊にまとめられたのが『福神信仰』[2]である。当初は、一部の研究者以外にはあまり注目されなかったらしいが、今日では『福神信仰』の要点について、定説化している解釈もあるといわれる。それは「社会史的にみた「福」の概念」と、その表現である「福神信仰の系譜」を明確にしようとしたのが、右の『福神信仰』であったと理解される[3]。

筆者は中世・近世の庶民生活と信仰の問題を究明する意図から、庶民信仰（民俗信仰）のなかに「福神信仰」を設定し、さらに七福神信仰の成立と展開という課題について、一、二の論考を述べている[4]。その成果をふまえて「福神」とは何か、「福神信仰」とは何かを述べて、本稿に与えられた「七福神信仰」の様相を考えることにしたいと思う。

一、福神信仰の由来

福神とは

最初に「福神とは何か」という疑問を考えることにしたい。

福神の概念について、筆者はつぎのように規定している。すなわち福神とは、「一応食物に満ち足りた状態で、なお一層豊かなれと願う宗教的要求の生み出した信仰」という理解である[5]。このような福神信仰の代表例は、のちにもふれる「七福神」信仰を指摘することができる。もっとも七福神信仰に先行して、福神とは、本来「食べ物の供給をもたらす神」であったと推測される。それは古代以来、多くの人びとにとって、生きるために「食べ物を十分に満たすこと」が、最大の課題であったからである。そのため、この時代の多くの人びとにとって、福神とは農耕神としての「宇賀神」や「御食津神」が想定されよう。

さらに山の幸をもたらす「山の神」のほか、海の幸をもたらす「エビス」(夷、恵比須、恵比寿)

神なども、福神として理解されていたと推測される。[6]しかも七福神信仰が成立する以前には、「弁財天」の「財」は「才」であったと伝承されている。したがって当初は、福神に「財神」としての性格が認められないことに、注意しなければならない。この「財神」としての性格を七福神がもつようになるのは、つぎに述べる中世後期の室町時代になってからである。

ところで中世・近世の庶民生活を分類するとき、筆者は「経済生活」（物質生活）、「社会生活」、「精神生活」にそれぞれ分類している。[7]それはこの時代の都市や地域村落を「生活の場」とする庶民（民衆）一般が、稲作などの「生産」を生み出す経済生活、あるいは山村・村落・漁村の地域社会において、共同労働や社会的慣習などをまもる社会生活がある。しかも、これらの日々の生産や労働、社会的慣習などが苦しいときに、底辺からささえていたのが精神生活である。すなわち庶民層の精神生活とは、一、神仏にたいする帰依・信仰のほか、二、葬墓習俗、三、年中行事、四、仏教芸能、五、講（法会）、六、俗信などを指摘することができる。[8]しかもこれらに分類した内容は、いずれも庶民（民衆）の精神生活をあらわすタームとして重要である。すなわち経済生活や社会生活が苦しければ苦しいほど、神仏に帰依して、日々の年中行事や神仏の信仰生活などに潤いや癒しの信仰をもとめた。さらには共同としての講組織や、仏教芸能、呪術的な俗信などを通して、日常の精神生活を有意義なものにしたのである。

二、七福神信仰の成立と展開

七福神信仰の成立

このように庶民層の精神生活をより充実にした「神仏に対する信仰」について、ここでは七福神信仰の成立と展開の問題を考えてみよう。

まず中世後期の室町時代になると、現実の「食・生活」である「食べ物の充足」といった福神信仰のほかに、「財宝・家禄・和合」という現世利益的な欲望をもとめる信仰が、うみだされたのである。それは先に述べた「福神信仰研究」(9)においても指摘されている。ではこの宗教現象の背景に、何が考えられるか。

日本の歴史において、室町時代というのは、貨幣経済が発達・普及したことが重要である。それにともない京都という都市社会において、居住する商人の「願望」が拡大している。それは「食べ物の充足」という現実生活の「福」のほか、「延命・富貴」をもとめる現世利益信仰を生みだすのも、このような福神信仰の願望が大きいからである。つまり都市商人にとって、福神信仰の内容がより複雑化したからといえようか。ここに「七福神信仰」が成立する契機があるといえる。この七福神、すなわち恵比須・大黒天・毘沙門天・弁財(才)天・

布袋・寿老人・福禄寿は、室町時代の都市京都に住む商人のほか、庶民一般の欲望を満たす霊験あらたかな神として成立したことが、重要である。そこにはさまざまな七福神信仰の内容があったと思われる。

大黒天と恵比須の二神

当時の七福神信仰のなかで、「大黒天と恵比須」の二神が商人や庶民層の家・館に安置されていたことは、注意しなければならない。そのことを一五六九（永禄十二）年成立の『塵塚物語』四（『改定史籍集覧』10所収）から検討してみよう。

『塵塚物語』は、鎌倉・室町時代の「故事逸話を集めた説話集」（『角川日本史辞典』）であるが、十六世紀中頃の福神信仰の様相について、この説話集にはつぎのように記されていた。

あるひとのいへるハ、大こくとゑびすと対してあるひハ木像にきざみ、あるひハ絵にかきて富貴をいのる本主とせり、世間こぞりて一家一館にこれを安置せすといふことなし、（後略）

ここには室町時代中・後期ごろの都市商人や、都市民衆の家や館に「大黒天と恵比須」の二神の木像が刻まれ、それが並立して安置されていたこと、しかも絵にまで描かれていたとある。そうした状況は、いずれも「富貴をいのる本主とせり」という福神信仰を強調する伝承であったことが知られる。さらに同書はつづけて、この二神は「世間こぞりて一家一館」に安置する信仰であったことも伝えていた。参考のために狂言の「恵比須大黒」によると、西宮の恵比須三郎と比叡山の三面大黒があらわれている。そこには三面大黒が「三郎殿と我は一所にあるものなれば、共々楽しうなしてとらせうと思ひ」などと、告げているほどである。

こうした説話集や「狂言」などによっても、近世以前の福神信仰が、都市京都の商人や庶民層に受けいれられていたこと、しかも福神の信仰習俗とは、流行神的なあり方で、大黒天と恵比須の二神が祭祀されるようになったことが注意される。

ところで、この大黒天と恵比須神に仏教や道教の福神が加わって、「七福神信仰」が成立したのである。そこで七福神信仰の成立過程を考えてみると、まず先にふれた弁財天は、もともと「弁才天」からきている。それは仏教経典の『金光明最勝王経』という「護国経典」に説かれているからである。またインドでは、サラスヴァティ河の「水の神」であったといわれている。そうすると、もともと外来神である弁才天は、六世紀中ごろに仏教と同時にわが国に伝来されたらしい。そしてわが国では普遍的に流れていた水神の信仰と、右に述べた「水の神」が習合したのである。それが「延命・富貴」という、福神の現世利益信仰の祈願対象になったとみられる。

弁才（財）天信仰の霊場――江の島

室町時代に福神となった弁財天信仰といえば、関東では、相模の「江の島」（現神奈川県）の弁才天がよく知られている。その由緒については、一一八二年（寿永元）四月、僧文覚が江の島で大弁才天を勧請し、供養をおこなった伝承がある。それは藤原秀衡調伏を祈願したものである。しかしそれ以前から、江の島は霊場であったと推測されるが、その聖地化した島の中に、天女としての弁才天が安置されていた。しかもつぎに述べる近江の竹生島と同様、江の島の島全体をめぐる「行道修行《ぎょうどう》」が想定され、早くから修験・山伏の修行の場として存在していたらしい。室町時代以降には、こうした山岳修行を実践する修行者のほかに、一部の信仰者も参詣するに到ったらしい。

近世になると、江の島は大都市江戸に近い距離と環境から、行楽も兼ねて参詣する霊場として、女性でも無理のないものとなっている。しかも弁財天は「技芸上達」の福神とされたらしいが、この時代には、福神信仰を指す「金運」を祈る人びとの参詣が多かった、といわれている。[10]

竹生島

右に述べた関東の「江の島」にたいして、関西では、近江(現滋賀県)の「竹生島」の弁才(財)

天がよく知られていた。すでに平安後期ころには、「前大僧正行尊三十三所巡礼手中記」(『寺門伝記補録九』所収)に、第十七番「竹生島」と記されている。さらに同じ時代の「前大僧正覚忠三十三所巡礼記」(同右)にも、第十八番に竹生島がみえており、いずれも願主は行基菩薩とある。この霊場が千手観音を本尊とする観音信仰の聖地として、先の江の島と同様に、山岳修行の修験・山伏などが修行していたのである。

さらに室町初期に成立した謡曲「竹生島」は、次のように語られていた。

さて又、天女の御事は、現世安穏、福徳円満に護り給ふにより、

国々在々よりも信仰致し参り、下向の人は夥しき御事にて候。

ここには室町初期の竹生島に祭祀されていた弁才(財)天の福神を信仰すれば、「現世安穏」と「福徳円満」に護る現世利益信仰が強く付与され、「国々在々」から多くの庶民層が参詣して、右に述べた現世利益信仰を得ようとした様子がうかがえる。しかも謡曲「竹生島」の記載で注目されるのは、「下向の人」の参詣が夥しいとあったことである。この意味は竹生島からさらに他の神仏にお参りして、故郷に帰る人びとが参詣する福神の聖地=弁才天という意味らしいことも、興味ぶかい。

近世になると、厳金山宝厳寺(竹生島)は弁財天信仰や観音信仰の霊場として、身分を超えた多くの参詣者が訪れるようになる(『西国三十三所結縁御開帳』)のである。

「島」の中の聖地と福神

このような聖地である江の島と竹生島について、注意したい問題を記しておこう。すでに江の島の聖地でふれたが、いずれも「島」の中に寺社を整備して、本尊を祀っていた点である。これは近世以前から、山中修行や洞窟で「参籠行」などをおこなう苦行の修行に専念する修験・山伏や、諸国を回国遊行するヒジリ（聖）宗教者によって、島をめぐる修行や、島内にある自然の石や洞窟などをめぐり参籠する「めぐり行道」と「参籠行」の宗教的実践行がおこなわれた形跡がある。この問題はさらに今後の課題であるが、古代・中世以来、山岳宗教者の苦行的実践行の一形態である。そのうち厳しい「めぐり行道」の修行は、近世前期の修験者で、のちに「円空仏」の彫刻で知られる山伏円空も実践している。

円空は、近江と美濃の両国にそびえる伊吹山（標高一三七七ｍ）に登山し、九合目の「平等岩」（実際は「行道岩」が正しい）をめぐる「めぐり行道」をおこなったのである。そのため円空は、寛文六年（一六六六）作の北海道洞爺湖観音に「江州伊吹山平等僧　円空」と、彫っていたほどである。(11) もちろん、こうした伊吹山での円空の「めぐり行道」という実践行は、「験力《げんりき》」という呪術力を獲得する意味があった。それは地域村落の宗教者として、村人の要求する奇蹟や願望などに答えなければならなかったからである。したがってその後、諸国の霊山・霊場や多くの寺院・神社をめぐる修行をおこない、村々を訪れた時に、身につけた呪験力は呪術宗教として発揮されたであろう。併せて村人からわずかの浄財を得るために、その験力は重要な力になったと思われる。こうした山岳修行の実践行をおこなう宗教的意味は、自己の罪穢を滅罪し、そののち現世で長生きし、死後は浄土に往くことができるという、「現当二世」の庶民信仰（民俗信仰）があったからである。[12]

山伏円空の山岳修行も、こうした「現当二世」の民俗信仰をもっていた。さらに地域住民から生活の糧をいただいたことに対し、円空の場合は、お礼として円空仏や木端仏を夜の宿で作業し、翌日その彫刻を残して去ったことが、わずかの日記や資料からも推測できるのである。

以上は、七福神信仰のひとつである弁才（財）天信仰の内容と直接つながらないが、こうした聖域の「島」の中に福神を祭祀する例は多い。さらに近世においても竹生島の場合、貝原益軒の『諸州めぐり西北紀行』に、竹生島の弁才天は「福を授け給ふ由称する故、人皆利をねがひて尊へばなり」と記していた。ここにも江戸時代の竹生島の弁才天が、「福」をさずける現世利益信仰として、人びとの願いに答えていたことが知られよう。その背景には、竹生島の宗教者が弁才天を島の祭神＝浅井姫命に置きかえて、人びとに唱えだしたとも説いている。これは室町時代以降に、竹生島の聖（ひじり）宗教者の唱導によって、福神化したた弁才天信仰が流布されたこと、同時に、弁才天の「才」を福財の「財」に置きかえたことも示しており、大いに留意されるのである。

三、近世の七福神信仰

このように七福神信仰は、室町時代以降、関東や関西の都市民の精神生活のなかで信仰されたことが、特色のひとつである。しかもこうした福神信仰は、近世になっても継続・展開されている。それはこの時代の都市商人や庶民層が受容したことはもちろんであるが、さらに地域の山村・村落農民や漁民などの生活形態にも、七福神の信仰がみられたことを指摘することができる。

都市の夷講―誓文払と恵比須講

まず畿内の都市商人や江戸の商人が、毎年の恒例化した年中行事に「夷講」をおこなっていた。喜田川守貞の『近世風俗志』という風俗・巷談によると、

十月二十日　今日京阪にて誓文払と云江戸にて恵比須講と云、京阪にては唯呉服木綿着等大小ども蛭子神を祭り、案内も祝之又今宮等に参詣す、

とある。この風俗資料には、京都・大坂の大都市商人が夷講を「誓文払」といって、大都市

江戸でも「恵比須講」といったらしいことが知られる。しかも誓文払＝夷講は、大坂では今宮戎神社の信仰圏のなかで、呉服商人の仲間たちによって結成されていたらしいこと、そのご祭神とは「蛭子神」であった。

さらに京都においても、夏の祇園祭で著名な東山四条通りの八坂神社の御旅所に福神が祀られ、それを冠者殿の祭と称していた。それは十月二十日の「誓文払」といったらしい。この「誓文払」は、本来、七福神のひとつである夷神を祭るために、それまで犯した罪穢を祓うために潔斎すること、あるいは懺悔《さんげ》をおこなう信仰習俗であった。つまり夷講の信仰習俗の名残りが誓文払といわれ、このとき鮒を祭るのが特徴であったといえよう。

そこで、この祭りの宗教的意味については、以前にも検討したが、商人たちの日ごろの商売にたいする懺悔・滅罪の信仰を意味している。[13] そのため十月二十日には、生きもの鮒を放ち、「施し」をおこなうのである。それは仏教でいう「放生会」（八月十五日）の実践であったことが重要である。今日でも、デパートや商店街の大売出しの日になっているところが多い。

地域社会の夷講――『諸国風俗問状答』の世界

こうして近世には、夷講（恵比須講）が三都の町人の年中行事として、定着・展開していた。さらに民衆のこの信仰習俗は、近世後期の地域社会においても、商家や豪農の家でおこなわれていたことは、既述した事例とともに指摘したことがある。[14] そしてこの時代の庶民生活と信仰習俗の実相を、貴重な文献史料から知ることができたのである。

その史料とは、一八一五（文化十二）〜六年ごろに始まった「諸国風俗問状」（『日本庶民生活史料集成』第九巻所収）という、諸国の風俗調査（「風俗問状」）に対する回答書である。正しくは『諸国風俗問状答』といわれ、江戸幕府儒者、屋代弘賢が各藩にもとめた地域民衆の精神生活史料を指す。この有益な民衆の精神生活史料は、全百三十一か条の内容で、四季の年中行事が中心である。そして最後に、冠婚葬祭（出産・婚姻・葬送など）の二十六か条が付け加えられている。

そのなかに十月二十日の夷講の回答書もあり、たとえば越後国長岡領下の工・商の家の報告が記されている。それはこの日に、工・商人の懺悔・滅罪のために生物を放ち、「施し」と「放生」をおこなっていた（「越後長岡領風俗問状答」）。そして「ことはてて川に放」したとある。仏教でいうところの「放生会」を実践していたのである。さらに睦奥国白河領下でも、町方の商家だけではなく、豪農の家でも夷講をおこなう習俗のあったことが、「睦奥国白河領風俗問状答」に見えている。

こうした一、二の事例だけではなく、本来は、もっと多くの商家や豪農、農家でも夷講がおこなわれていたことが推測される。しかも後者の地域村落のばあい、夷講を行う時期の十月二十日が、百姓の稲の収穫祭、あるいは刈上祭に相当していたのは注意してよい。このことは百姓の夷講が田の神祭を通して、各家の先祖祭がおこなわれる日でもあったからである。そのためこの日には、収穫した新米とともに、大根を田の神に供えるのが常のおこないであった。大根は新米とともに、百姓の秋の収穫祭における田の神＝先祖に供える重要な供物のひとつであったことは、柳田國男氏以来の民俗学研究が、秋の収穫祭における食事の問題として、早くから指摘していることである。

四、宝船と七福神詣の信仰

ところで近世中期になると、「宝船」と称され、正月二日の夜に、宝船に七福神を描いた絵を枕の下に敷いて寝ると、良い夢を見ることができるという七福神信仰の習俗があった。この信仰習俗は都市の町屋などでも持てはやされたといわれ、随筆集にも見えている。先にふれた『近世風俗志』には、

正月二日、今夜宝船の絵を枕下にしきて寝る也。（中略）今世印阪禁裡に用ひ玉ふは舟に米俵を積むの図也、民間に売る者は七福神或は宝尽等を画く、

云々などと記されていた。ここには禁中の例が記され、「米俵を積む図」と見えているのは、金持ちを期待する吉夢がうかがえよう。また民間においても、七福神か宝尽くしの絵が描かれていたらしい。いずれも「今宵の夢を初夢と云故に吉夢を見る」ためであり、そこで「宝舟を敷く」というのであった。七福神をのせた宝船が、初夢の信仰習俗と結びついていることが推測される。

このような宝船の図柄というのは、宗教的には、海洋の彼方に死者霊の往く世界があり、その海洋他界の「常世《とこよ》」から福神、それは「祖先の霊」が富をもって訪れるという信仰⑮を示していたと思われる。

さらに十八世紀末から十九世紀はじめの宗教現象として、江戸や上方の寺社では、七福神の霊場を巡拝する「七福神詣」の信仰習俗が、正月行事としてはじめられた。しかもそれは、しだいに諸国にもひろまっていったのである。

まず江戸では『享和雑記』という史料に、「近ごろ正月初出に、七福神詣りといふこと始まりて、遊人多く参詣することとなれり」と見えている。当時、江戸の遊客粋人の情緒に合うと伝承され、年ごとに七福神信仰が盛んになっていたらしい。また天保九年（一八三八）に刊行された『東都歳時記』にも、「正月日不定、七福神参」と見えていた。その福神の場所とは、大国神と恵比寿が「神田社地、或は上野清水堂の傍」とある。さらに弁天は「不忍池中」、毘沙門は「谷中天王寺」、寿老人は毘沙門と「同所の裏門前長安禅寺」、布袋は「日暮里」、福禄寿は「山畑西行庵」その他にもあったことが記されていた。しかも伊藤唯真氏が指摘するように[16]、十九世紀中期ごろから福神を祭祀する寺社に変動があったこと、そのほかにも福神祭祀が、地理的に七福神として編成されることもあったらしい。

京都については、都市の七福神詣が古い伝承をもっている。その創設年代は不詳ながら、「山科七福神めぐり」がここから江戸や諸国に伝播された伝承がある。こうした都市の七福神詣は、流行という現象が特徴であり、また近世村落の共同体意識とはことなり、個人中心に福を願う気持ちが強かったのである。

おわりに

これを要するに、七福神信仰とは各時代の流行神の一種と思われ、七福神を受容される民衆一般にとっては、「物質的な福を中心とした願いを叶えてくれる神」であったと思われる。それは民衆の生産と生活を背景として、信仰される側面をもっている。そのため七福神霊場はつねに生み出され、衰退してはまた復活する性格をもっている。こうした七福神信仰を、筆者は以前に「日本人の神観念や庶民信仰を考える」素材を提供していると報告したことが[17]

ある。今回も、この問題を再認識した次第である。

最後に「神戸七福神会」の伊藤浄厳師（摩耶山天上寺御住職）に、お世話をいただいた。記してお礼を申しあげたいと思う。

註

（1）（2）（3）宮本袈裟雄「一　福神信仰研究の回顧と展望」同編『福神信仰』所収、「民衆宗教史叢書」第十一巻、「福神信仰」、昭和62年。

（4）（5）（6）豊島修「七福神信仰の歴史と庶民信仰」同著『熊野信仰史研究と庶民信仰史論』所収、2005年、清文堂出版、同「稲荷信仰と福神―畿内地域を中心に―」五来重監修『稲荷信仰の研究』所収、山陽新聞社、1985年。

（7）豊島修「近世後期における地方農民の精神生活―とくに宗教生活を中心に―」『大谷大学研究年報』三九集、所収、1987年。同「幕末期奥熊野農民の生活と信仰―『春雨日記』を通して―」『尋源』三八、1988年。同「近世但馬の真言宗寺院と年中行事―美鼻郡竹野谷村を例として―」『大谷大学史学研究』一二所収、1988年。同「生活史と文化史―近世庶民生活文化史への覚書―」『尋源』四二・四三合併号所収、1993年。

（8）註7「生活史と文化史―近世庶民生活文化史への覚書―」『尋源』四二・四三合併号所収、1993年。

（9）註1前掲書。

（10）註1前掲書。

（11）（12）五来重『遊行と巡礼』角川選書一九二、角川書店、1989年。

（13）註4前掲書。註11前掲書。

（14）（15）註4前掲書。

（16）伊藤唯真「七福神もうで」宮田登編『七福神信仰事典』所収、戎光祥出版、1998年。

（17）註4前掲書

神戸七福神のめぐり方

◉参拝の順序・宝印受付など

神戸七福神めぐりは、西の須磨寺から東の念仏寺まで、神戸市内にある7つの社寺を巡拝する霊場めぐりです。3つの神社と4つの寺院からなり、どの社寺から巡拝を始めてもかまいません。神戸市内在住の方なら、まずは近くの社寺を訪ねてみてください。

巡拝を始めるにあたって、まずは宝印（御朱印）を授かるための宝印帳や色紙を入手しましょう。どの社寺でも手に入りますが、まれに在庫切れの場合もありますので、事前に確認しておくと安心です。

色紙には七福神が乗った宝船の絵が入っており、7社寺の宝印をいただいて完成すれば、床の間などに飾ることができます。宝印帳は七福神のご神影入りです。ともに1200円で、染筆宝印料は1社寺あたり300円となっています（完成色紙は3500円）。そのほか、おめでたい宝船の福札を授かることもできます（1社寺あたり700円、福札台1000円）。

宝印受付時間は、基本的には9時～17時で、社寺によっては受付時間が長いところもあります。冬期などは余裕をもって早めに参拝しましょう。

◉鉄道利用の巡拝と六甲山の山登り

神戸七福神めぐりは、自動車なら1日で回ることもできますが、本書では4社寺を鉄道利用で巡拝し、３ヵ寺を徒歩とバス・ロープウェーでめぐるプランを紹介します。

西の須磨寺から長田神社、湊川神社、生田神社までは、駅から近いので、鉄道を利用した巡拝がおすすめです。

大龍寺と天上寺は六甲山系の山上にあり、ハイキングや登山のコースとしても親しまれているので、徒歩での山登りルートを紹介します。天上寺からは、バスとロープウェーで有馬の念仏寺に向かうことにします。

神戸七福神宝船色紙

神戸七福神宝印帳

神戸七福神福札

山陽電鉄須磨寺駅から続く須磨寺前商店街

鉄道利用で4社寺巡拝

◉須磨寺へ

本書では、神戸七福神の西の端の霊場、寿老人を祀る須磨寺から巡拝を始めることにする。

須磨寺の最寄り駅は山陽電鉄の須磨寺駅（須磨寺まで徒歩5分）だ。ＪＲ利用なら山陽本線須磨駅で降りる（須磨寺まで徒歩15分）。須磨駅のすぐ南は海で、須磨海水浴場も近い。北口から出ればすぐに山陽電鉄の山陽須磨駅があり、駅前の国道2号を東へ進む。

千守交差点で左に折れ、高架をくぐらずに山陽電鉄の南側に沿って進み、左の細道に入れば須磨寺駅がある。須磨寺駅からは、門前町の須磨寺前商店街を通って須磨寺まで一直線だ。

綱敷天満宮。綱敷天満宮と須磨寺を結ぶ道は「智慧の道」と呼ばれている

　JR利用の場合、余裕があるなら、国道2号沿いの綱敷《つなしき》天満宮に立ち寄ってもよい。綱敷天満宮と須磨寺を結ぶ道は「智慧の道」と呼ばれている。菅原道真公と弘法大師は、ともに学問や智慧とゆかりの深い人物であるため、この道を通って参拝すると学業成就などの御利益があるとされている。

綱敷天満宮の波乗り祈願像

　綱敷天満宮は「須磨の天神さま」として親しまれており、道真公が太宰府に向かう途中で立ち寄られ、漁師が造った大綱の円座で休憩された地と伝わる。境内にはサーフボードを持たれた道真公の波乗り祈願像や、願いをかなえる「な

朱色の欄干があざやかな龍華橋

す（茄子＝成す）の腰かけ」など、ユニークな縁起物も多く楽しい。

須磨寺前商店街が続くのは、7歳の弘法大師と5歳の天神さま（道真公）が一緒に祀られた「弘天さん」あたりまで。信号を渡ってさらに進めば、朱色の欄干があざやかな龍華橋の先に須磨寺の仁王門が見える。

門をくぐると左手に源平の庭。奥の宝物館には休憩スペースが設けられており、須磨寺小石人形舎もあって参拝者を楽しませてくれる。宝物館前には、亀の背中に乗った七福神の宝珠を回して礼拝する「七福神マニコロ」や「わらべじぞう」が並ぶ。

石段を登ると正面に本堂、左手に折れると納経所があり、神戸七福神の宝印帳や色紙はここで入手できる。宝印(御朱印)受付もこの場所だ。

上：須磨寺の仁王門　下：宝物館

石段を登って本堂へ

石段の途中にあるマニ車のような像

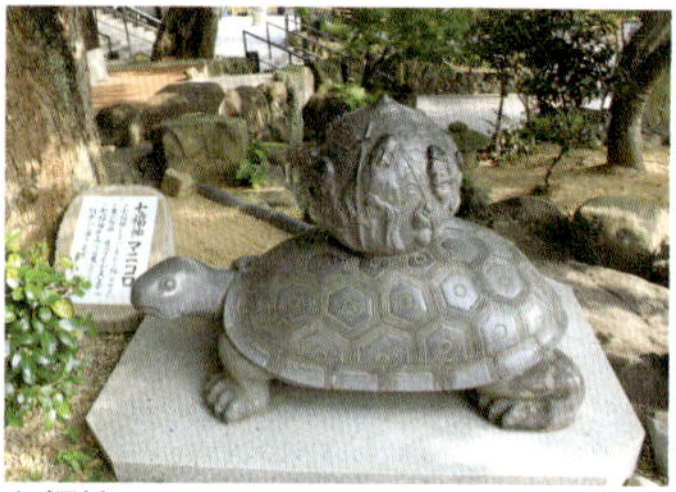

七福神マニコロ

わらべじぞう

十三仏を拝しながら奥の院へ。下り道沿いには七福神が祀られている

神戸七福神の寿老人は鐘楼のそばに鎮座する。

鐘楼のそばにはまた、奥の院参道の入口もある。奥の院参道には、登り道沿いに十三仏が、下り道沿いに七福神が祀られている。納経所で専用の納め札を求め、祠ごとに設けられている納め札入れに札を入れながら参拝しよう。所要時間は30分程度だ。

神戸七福神霊場案内のページでもふれたように、須磨寺の境内に

頭を撫でると音楽が鳴る「ミーシャぐま」

頭を撫でると動きだす「五猿」

この鳥居を目印に北上し長田神社へ向かう

は参拝者の目や耳を驚かせる「おもろいもん」がそこかしこにある。余裕があれば納経所で「須磨寺散策マップ」をもらい、「おもろいもん」探しや、「句碑・歌碑・文学碑」めぐりを楽しもう。

◉長田神社へ

須磨寺からは来た道を引き返し、須磨寺前商店街を通って山陽電鉄須磨寺駅に向かう。毎月20日・21日のお大師さんの縁日には、この商店街も大勢の人でにぎわいを見せる。道沿いの大師餅本舗は創業140年以上の老舗で

大師餅本舗の大師餅

歩道沿いには商店街が続く

大師餅や敦盛だんごなどが人気。

須磨寺駅からは電車で高速長田駅へ。乗車時間は10分程度と近い。

西改札口を出て山手側に向かい、セントラルビル出口から地上に出ると、「官幣中社　長田神社」と刻まれた石標が立つ。左方を見ると「長田神社前」の看板がかかった赤い鳥居が道路をまたいでいる。

鳥居に導かれて北上すれば、歩道沿いににぎやかな商店街が続く。コンビニのところで左の道に斜めに入ると、長田神社の赤い東鳥居が見える。東鳥居から入ってもよいが、白木の西鳥居をくぐれば、正面から境内に入ることができ

長田神社の石標

西鳥居から神門へと石畳の道が続く

る。

右手に手水舎、左手に宝印受付のある社務所があり、社務所の前には珍しい眼鏡碑がある。眼鏡碑の建立は、長田大神（事代主神）の森羅万象を見通す御神徳が眼鏡の働きに通じ、眼鏡の守り神とされているからだ。10月1日には眼鏡感謝祭（めがねまつり）が催されている。

神門をくぐって正面が本殿の拝殿。向かっ

眼鏡碑

長田神社の東鳥居

推定樹齢800年の楠に守られ本殿裏手に鎮座する楠宮稲荷社

て右手には神楽殿、松尾社、月読社などが並ぶ。本殿裏手には楠宮稲荷社が鎮座し、推定樹齢800年の楠が枝を広げている。本殿に向かって左手には蛭子社、出雲社が祀られ、恵比須さまと大黒さまの石像が並ぶ。

松尾社

参拝を終えて余裕があれば、この地域独特のお好み焼きを食べて一息つくのもよい。大阪風とも広島風とも違ったユニークな一品だ。そばとご飯を鉄板でいためた「そばめし」も、長田区のB級グルメとして親しまれている。

神戸市営地下鉄などで新長田駅まで足を延ばせば、新長田1番街商店街や大正筋商店街など、

新長田駅のそばにある鉄人28号の巨大モニュメント

にぎやかなアーケード街を歩くのも楽しい。若松公園には鉄人28号の巨大なモニュメントもある。『鉄人28号』の作者、漫画家の横山光輝は神戸市出身だ。

◉湊川神社へ

高速長田駅から湊川神社の最寄り駅である高速神戸駅までは、乗車時間5分程度。東改札口から出て山手方面へ向かう。地上に出たら湊川神社は目の前だ。

表門をくぐると、右手に楠木正成公の墓所があり、徳川光圀公の書「嗚呼忠臣楠子之墓」が刻まれた墓碑が立つ。

楠木正成公墓所

湊川神社の表門

左手には正成公ゆかりの宝物を展示する宝物殿があり、国指定重要文化財の大楠公着用と伝えられる段威《だんおどし》腹巻《はらまき》や、大楠公御真筆「法華経奥書」などが収蔵されている。宝物殿の前には、日本最初のオリーブの木が枝を広げている。パリ万博日本事務館長を務めた前田正名がフランスより持ち帰り、明治初期の旧国営「神戸オリーブ園」に植えられていたものの

日本最初のオリーブの木

湊川神社宝物殿

湊川神社境内末社の楠本稲荷神社

ひとつとされている。

さらに参道を進むと、右手には楠本稲荷神社の赤い鳥居が連なり、左手には楠公会館が立つ。白い大鳥居をくぐれば、右手に能舞台を有する神能殿、左手に宝印受付のある社務所・参集殿と続く。

いよいよ正面に、鎮守の森の緑を背景とした本殿（拝殿）がせまる。拝殿の天井には、棟方志功ら著名画家の手になる天井絵が奉納されている。心静かに参拝を終えたら、拝殿に向かって左手の殉節地を訪ねよう。

神能殿の北側にある東門からは、神社の東

赤煉瓦を残し改築された神戸地方裁判所

いくたロードを北上して生田神社へ

側の通りに出ることができる。門を出ると、明治37年に建設された赤煉瓦の庁舎のファサードを保存して改築された神戸地方裁判所のユニークな建物が目に入る。旧庁舎の設計はジョサイア・コンドルに建築を学んだ河合浩蔵によるものだ。

◉生田神社へ

高速神戸駅から阪急の神戸三宮駅までは乗車時間5分ほどで着く。西改札口から出てわずかに西に進めば、すぐに生田神社へと続くいくたロードがある。すでに生田神社の鳥居や楼門が見えている。

東急ハンズ前の信号を渡り、二の鳥居をくぐれば、左右に末社の大海神社・松尾神社が鎮座する。松尾神社はお酒の神さまで、神社前には

生田神社二の鳥居

「灘五郷酒造の発祥地」の石碑が立つ。かつて新羅から来朝した賓客には生田神社で醸造された神酒が振る舞われたといい、これが灘五郷酒造の始まりと伝えられている。

さらに赤い大鳥居、楼門をくぐれば、正面に稚日女尊《わかひるめのみこと》を祀る社殿が優美なたたずまいを見せる。生田神社の社殿は、昭和の神戸大水害、神戸大空襲、平成の阪神・淡路大震災と、幾度もの災害を乗り越えて復興されており、「蘇りの社」と呼ばれ、復活・再生の御利益があると信仰を集めている。

拝殿の左手に進めば、水鳥が遊ぶ生田の池。池のほとりには神

蛭子神社の狛犬は耳が長い

神戸の中心地にあって参拝者が絶えない

戸七福神の生田弁財天（市杵島神社）が鎮まる。近くには戸隠神社・蛭子神社の祠もある。蛭子神社の狛犬はなぜかウサギのように耳が長い。

拝殿の右手に向かうと、塞《さえ》神社、雷大臣《いかつおみ》神社、人丸《ひとまる》神社の三社が鎮まる。さらに奥に進むと、ユニークな形の包丁塚や稲荷社があり、東門から神社の東側に出られる。

全国的にも珍しい包丁塚

本殿北側の生田の森は、かつては広大な森林で、数々の歌にも詠まれた名勝の地であった。源平の合戦や南北朝の戦いの舞台にもなっている。神戸大空襲により焼かれてしまったが、市

参拝を終えたら南京町まで足を延ばしてもよい

民の憩いの森として再生をとげている。

生田神社が位置するのは、神戸の中心街、三宮だ。三宮センター街などの町歩きも楽しいが、食事をするなら南京町に足を延ばしてもよい。横浜中華街・長崎新中華街とともに日本三大中華街に数えられ、観光客でにぎわっている。歩きながら食べられる軽食類も豊富なので、お土産にもなる。

須磨寺から生田神社まで、鉄道利用で4社寺を回ったが、ここで一区切りとしよう。

続けて大龍寺を参拝する予定なら、三宮バスターミナルから市バス25系統(森林植物園行き)の便があるが、土曜・日曜・祝日のみの運行で、冬期は運休となっているので注意が必要だ。

摩耶山掬星台からの眺望

六甲山から有馬へ3ケ寺巡拝

大龍寺、天上寺、念仏寺の巡拝は自動車が便利だが、ここでは大龍寺と天上寺を徒歩で巡拝できる六甲山系の登山道を紹介しよう。天上寺から念仏寺まではバスとロープウェーを利用することにする。

大龍寺への道は六甲山系でも人気のハイキングコースで、登山者も多く歩きやすい道だ。大龍寺から天上寺への道は、かなりの急坂もあり、体力を要する。自信のない方は大龍寺だけを徒歩で登り、天上寺は別の日に、摩耶ケーブル・ロープウェーなどを利用して参拝するとよい。ロープウェーの星の駅がある掬星台は、日本三大夜景に数えられる展望地だ。

赤煉瓦の砂子橋を渡る

◉大龍寺へ

　JR三ノ宮駅や阪神・阪急の神戸三宮駅から、神戸市営地下鉄で1駅の新神戸駅へ。北出口1から新幹線の新神戸駅前に出ると、バス停のそばに駅の北側に抜けられる道がある。コンクリート壁に「布引きの滝0・4㎞」と矢印で案内があるのでそれに従えばよい。

この道で新神戸駅の北側へ

　道標に導かれて神戸市章がついた赤煉瓦の砂《いさ》子《ご》橋を渡ると、川沿いの道と石段の登り道が分岐する。石段は雄滝《おんたき》へ、川沿いの道は雌滝《めんたき》へと通じているが、まずは雌滝へ向かおう。駅から数分で予想以上に見事な滝に出合えて驚かされ

新穂高
市立
自然の家
徳川道
杣谷峠
天上寺
摩耶山天上寺前
アゴニー坂
森林植物園前
森林公園
生田川
桜谷
オテル・ド・摩耶
杣谷川
星の駅
黒岩尾根
トエンティクロス
摩耶山
702
摩耶ロープウェー
摩耶山
史跡公園
北神急行
新神戸トンネル
天狗道
地獄谷
虹の駅
摩耶ケーブル
学校林道出合
高雄山
学校林道
旧摩耶道
青谷
再度公園
天狗道登り口
あけぼの茶屋
摩耶ケーブル駅
再度山
470
大龍寺
森のホール
青谷川
市ヶ原
ハーブ園山頂駅
大竜寺
櫻茶屋
あけぼの茶屋
紅葉茶屋
布引ハーブ園
神戸布引ロープウェイ
山陽新幹線
風の丘中間駅
猩々池
布引貯水池
おんたき茶屋
王子公園
城山
布引雄滝
布引中
布引雌滝
新神戸駅
灘駅
布引トンネル
新神戸駅
阪急神戸線
ハーブ園山麓駅
春日野道駅
JR東海道本線
阪神電鉄本線
市章山
錨山
43
燈籠茶屋
稲荷茶屋
春日野道駅
阪神高速3号神戸線
大師道
三宮駅
三ノ宮駅
N
諏訪山公園下
地下鉄西神・山手線
0
1km
神戸三宮駅

右の石段は雄滝へ、左の川沿いの道は雌滝へと通じている

落差19mの雌滝

る。雌滝のそばから雄滝への道に合流できる石段があるので、先ほどの分岐に引き返す必要はない。

渓流の流れを見下ろしながら、鼓ヶ滝（鼓滝）をへて雄滝へ。駅前から20分足らずで到着する。雄滝は落差43ｍもある雄大な滝で、その滝壺から2つに分かれた夫婦滝がさらに流れている。布引の滝は、雌滝・鼓ヶ滝・夫婦滝・雄

落差43mの雄滝

みはらし展望台からの眺望

滝の総称だ。雄滝のそばには、おんたき茶屋があり、おでんや麺類などの軽食、コーヒーなどがいただける。

茶屋を過ぎると分岐があるが、道標に従って左の道に登る。市ヶ原・布引貯水池方面への道標を目印に進めばよい。すぐにみはらし展望台に着き、眼下には神戸の町が一望のもと。ベンチやトイレもあるので一息つこう。

祖谷のかずら橋を模

猿のかずら橋

おんたき茶屋

布引五本松堰堤

した「猿のかずら橋」を過ぎ、頭上を行き交う神戸布引ロープウェイの下を横切って、大正初期に架けられた重要文化財の谷川橋を渡る。カワセミの見られる五本松かくれ滝から少し登れば、日本最初の重力式コンクリートダムで重要文化財の布引五本松堰堤（布引ダム）に着く。目の前に広がる布引貯水池の水面はおだやかで、池のほとりでゆったりと太極拳を楽しむ人たちの姿も見られた。

谷川橋

廣助稲荷大明神の赤い鳥居の先の分岐では、左の道を取り市ヶ原方面へ進む。その先の石段のある分岐では、どちらの道を通っても合流す

布引貯水池

る。

細い車道に出たら、左の紅葉茶屋のほうへ進む。あけぼの茶屋跡を過ぎて櫻茶屋まで来たら、道標を目印に左の道を下る。道標には「大龍寺を経て再度公園1・7㎞」と記されている。川に架かった小さな木橋を渡ったら、道標に従って再度山ドライブウェイまで高度を稼ぐ。ドライブウェイに合流すると、大龍寺の赤門が目の前に立っている。

赤門からさらに登り、仁王門をくぐって本堂に参拝。駅からここまで、歩行時間は1時間30分から2時間くらい。神戸七福神の大黒さまは毘沙門堂に奉安され

櫻茶屋前から左の道へ下る

大龍寺奥の院大師堂

ている。納経所の霊明殿で御前立を拝し宝印をいただこう。

余裕があるなら、本堂裏手の山中にある奥の院大師堂まで足を延ばそう。再度山の山頂はさらに先で、山頂手前には弘法大師が刻んだと伝わる亀の岩がある。

天上寺は別の日の参拝とし、大龍寺だけに時間をかけるなら、本堂に向かって左手の道から北へ足を延ばし、修法ヶ原池のある再度公園に立ち寄ろう。紅葉の名所としても知られる神戸市民憩いのスポットだ。帰りは来た道を引き返してもよいが、大師道を下ればまたちがった風景が楽しめる。

川に架かる木橋を渡る

学校林道出合を過ぎてしばらく歩くと右手の岩場に展望スポットが

◉天上寺へ

大龍寺から来た道を引き返し、櫻茶屋までもどる。櫻茶屋前には飲料の自動販売機やトイレもあるので、一息ついてから先へと進もう。

やがて右に登る布引ハーブ園への細道が分岐し、この道も摩耶山へ通じているが、やり過ごして直進する。六甲全山縦走路の一部になっている道を進む。森林植物園(トエンティクロス)への道と分かれ、右の摩耶山（天狗道）に進む。この分岐の道標から摩耶山までは2・6㎞と記されている。

ここから摩耶山山頂までは、一部なだらかな道や下りもあるが、

森林植物園への道を分かれ右の道を登る

摩耶山山頂の天狗岩

かなりの急坂が続くので覚悟しておこう。学校林道出合を過ぎて20分くらい歩くと、右手に岩が見え、その向こう側に回り込むと眺めのよい岩場がある。人に出会うことも少ないので、静かに眺望を楽しむことができる。

ＮＨＫの電波塔を過ぎると、谷の向こうに天上寺金堂の大屋根が見える。お寺まではもう少しだ。

余裕があれば摩耶山山頂にも立ち寄ろう。山頂には天狗岩という巨石が鎮まり、鳥居や祠があって神秘的な雰囲気が漂う。伝説によると、天上寺の僧が山中に出没する天狗を封じ込めた場所だという。

摩耶ロープウェーの星の駅がある掬星台は、山頂のすぐ北東にある展望広場で、ここからの夜景は日本三大夜景に数えられているほどの絶

天上寺の納経所

景。掬星台から天上寺までは７００ｍ程度。オテル・ド・摩耶の前を通り過ぎ、その先の裏参道から境内に入る。

右に花山天皇勅願所、左に正親町天皇勅願所と刻まれた石標が立ち、その間に見えるのが摩耶夫人堂だ。神戸七福神の布袋さまは金堂内の左脇間に奉安されている。宝印受付の納経所は摩耶夫人堂の右手手前の建物にある。

オテル・ド・摩耶

掬星台

六甲有馬ロープウェーで有馬へ

◉念仏寺へ

天上寺からは、バスとロープウェーで有馬へ向かう。ロープウェー乗り場まで、六甲全山縦走路などを歩くこともできるが、時間もかかるので本書ではバス利用とする。

天上寺から長い石段を下り摩耶山天上寺前バス停へ。1時間に1便程度の六甲摩耶スカイシャトルバスで記念碑台で下車。ロープウェー乗り場まで直通のバスはないので乗り換えなければならないのだが、次のバスのバス停は離れているので、信号を渡って東へ70mほど歩かなければならない。1時間に3便程度の六

ロープウェー乗り場の六甲山頂駅

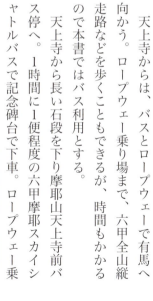

六甲有馬
ロープウェー
ロープウェイ山頂駅
六甲山頂駅
六甲ガーデンテラス
六甲ガーデンテラス
高山植物園
裏六甲
ドライブウェイ
六甲山上バス
乗り換え
六甲有料道路
六甲オルゴール
ミュージアム
記念碑台
記念碑台
六甲山
ホテル
六甲山ホテル前
六甲オリエンタルホテル
丁字ヶ辻
三国池
六甲ケーブル山上駅
六甲山上駅
六甲ケーブル
95
表六甲
ドライブウェイ
山陽新幹線
六甲ケーブル下駅
神戸大学
御影駅
阪急神戸線
六甲駅
JR東海道本線
2
ーブル
摩耶
ケーブル駅

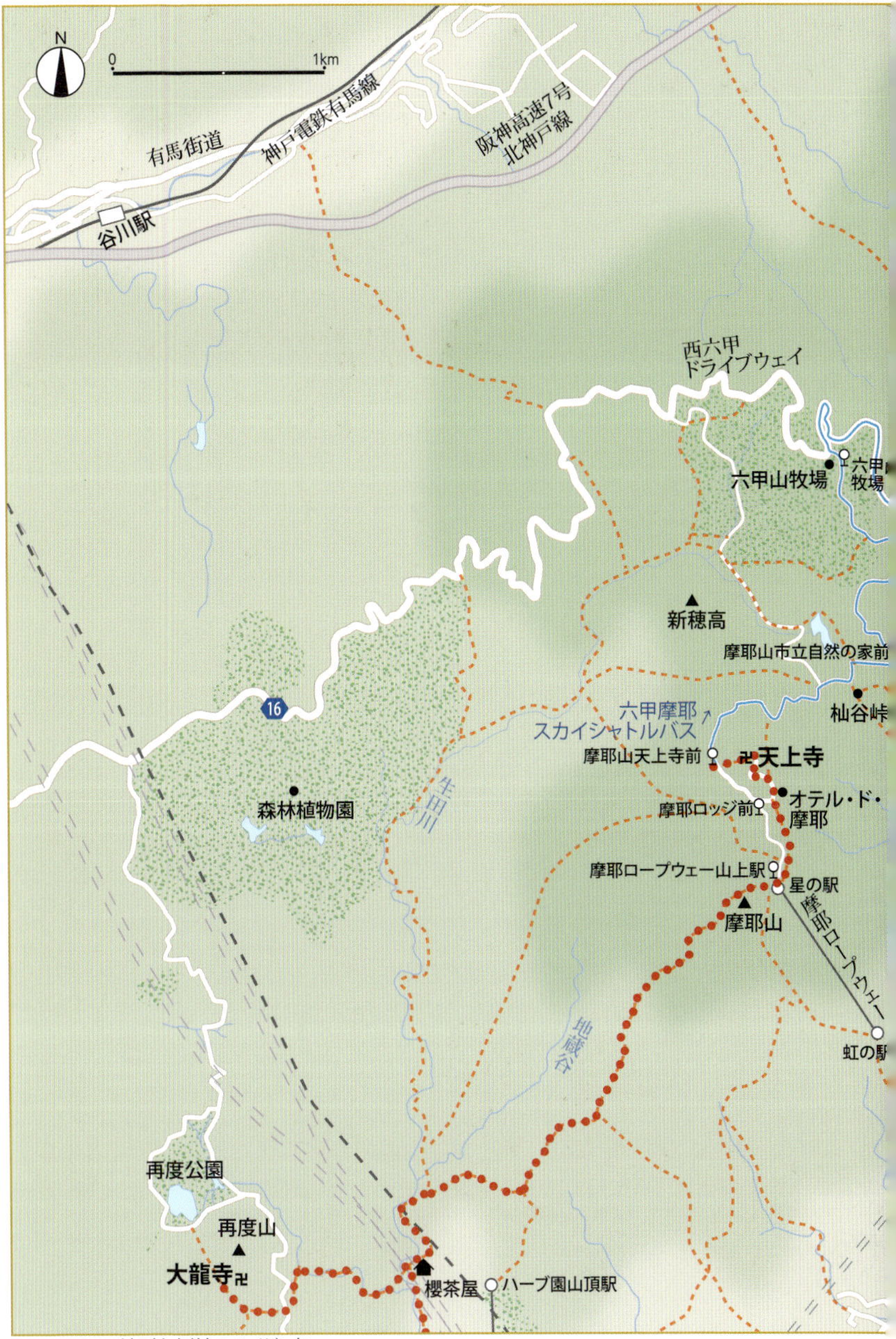
N
0
1km
有馬街道
神戸電鉄有馬線
阪神高速7号
北神戸線
谷川駅
西六甲
ドライブウェイ
六甲山牧場
六甲山
牧場
新穂高
摩耶山市立自然の家前
杣谷峠
16
六甲摩耶
スカイシャトルバス
摩耶山天上寺前
天上寺
オテル・ド・
摩耶
摩耶ロッジ前
森林植物園
生田川
摩耶ロープウェー山上駅
星の駅
摩耶山
摩耶ロープウェー
虹の駅
地蔵谷
再度公園
再度山
大龍寺
櫻茶屋
ハーブ園山頂駅

念仏寺近くの温泉寺

甲山上バスに乗り換え、ロープウェー山頂駅に向かう。

六甲山頂と有馬温泉を結ぶ六甲有馬ロープウェーは、絶景を堪能しながら12分間の空中散歩が楽しめる。紅葉シーズンの眺望はとりわけ美しい。有馬温泉に近づくと傾斜が急になり、迫力満点だ。

ロープウェー有馬温泉駅からは坂を下り、道なりに右にカーブする。すぐに車両通行不可の急坂が左に分かれるので下っていこう。滝本神社の前を通り、角の坊を過ぎて右折し、石段を登ると正面に温泉寺。温泉寺の左手の道

湯泉神社

念仏寺本堂

を進むと念仏寺に着く。宝印受付は本堂の上がり口（縁側）にある。神戸七福神の寿老人は本堂に向かって左手のお堂に祀られている。

　念仏寺の向かいには極楽寺があり、豊臣秀吉の湯殿跡資料館である「太閤の湯殿館」も設置されている。そのすぐ南には有馬温泉の守護神として崇敬を集める湯泉神社も鎮座する。周辺には日帰り温泉の銀の湯・金の湯もあるので、一汗流して帰るのもよい。

有馬温泉街

　温泉宿に宿泊すれば、神戸七福神巡拝を終えた充実感にひたりながら「日本第一神霊泉」と讃えられる有馬の湯をゆっくりと堪能できる。

須磨寺

【電車・バス】●山陽電鉄「須磨寺駅」下車、北へ徒歩約５分。●JR山陽本線「須磨駅」下車、北へ徒歩約15分（タクシー約３分）。

【自動車】●国道２号線を標識にしたがい千守川筋を経て北上、「離宮公園前交差点」を左折、須磨寺トンネルの西に出る。●高速道路の場合、東より阪神高速３号神戸線「月見山出入口」、または西より第二神明道路「須磨IC」を降り、県道21号（旧神明道路）の須磨寺トンネルの西に出る。●須磨寺トンネルを西に抜けるとすぐに駐車場あり。

長田神社

【電車・バス】●神戸市営地下鉄西神・山手線「長田駅」下車、北へ徒歩７分。●神戸高速鉄道（阪神・阪急・山陽電鉄乗り入れ）「高速長田駅」下車、北へ徒歩７分。●JR山陽本線「兵庫駅」から神戸市バス４系統で「長田神社前」下車。

【自動車】●阪神高速３号神戸線「柳原出入口」または「湊川出入口」から約2.5km。●阪神高速31号神戸山手線「神戸長田出入口」から約0.6km。

湊川神社

【電車・バス】●神戸高速鉄道（阪神・阪急・山陽電鉄乗り入れ）「高速神戸駅」下車すぐ。●神戸市営地下鉄西神・山手線「大倉山駅」下車、南へ徒歩５分。●JR「神戸駅」下車、北へ徒歩３分。●神戸市営地下鉄海岸線「ハーバーランド駅」下車、北へ徒歩５分。

【自動車】●阪神高速３号神戸線「柳原出入口」または「京橋出入口」から約10分。●境内地下に有料駐車場あり。

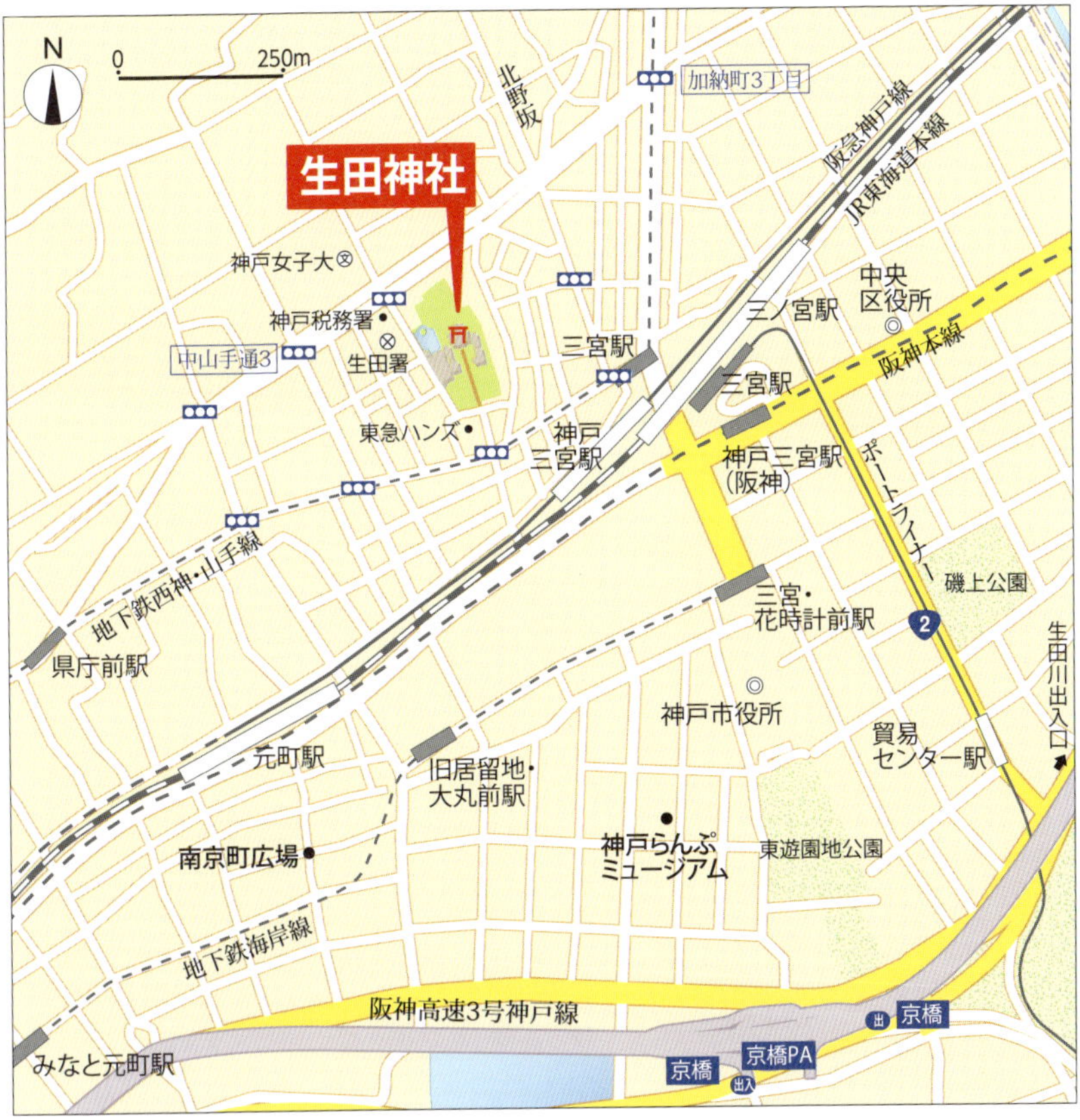

生田神社

【電車・バス】●JR「三ノ宮駅」・阪急・阪神「神戸三宮駅」下車、北へ徒歩7分。●JR「新神戸駅」（新幹線）下車、南へ徒歩20分。●JR「新神戸駅」（新幹線）から神戸市営地下鉄西神・山手線に乗り換え「三宮駅」下車、北へ徒歩5分。

【自動車】●阪神高速3号神戸線「生田川出入口」または「京橋出入口」から約5分。

大龍寺

【電車・バス】●JR「三ノ宮駅」・阪急・阪神「神戸三宮駅」下車。駅前バスターミナルから神戸市バス25系統（森林植物園行き）で「大竜寺」下車すぐ。※バスは土曜・日曜・祝日のみ運行。冬期運休。

【自動車】●再度山ドライブウェイで山門前まで。山門前と、山門左手から登ったところに駐車場あり。

天上寺

【電車・バス】●JR・阪急・阪神各線三宮駅から神戸市バス18系統に乗車（またはJR「灘駅」南より坂バスに乗車）し、「摩耶ケーブル下バス停」下車。まやビューライン（摩耶ケーブル・摩耶ロープウェー）に乗り「星の駅」下車、徒歩10分。

【自動車】●表六甲・裏六甲・西六甲ドライブウェイのいずれかを通り六甲山牧場へ。六甲山牧場から南へ約７分で天上寺西門前に着く。《天上寺前に市営駐車場あり（普通車 終日500円）》

念仏寺

【電車・バス】●神戸電鉄有馬線「有馬温泉駅」下車、徒歩約10分。●宝塚・三宮・大阪などから有馬温泉行きのバスあり。

【自動車】●中国自動車道「西宮北IC」から約15分。●阪神高速７号北神戸線「有馬口出入口」から約5分。●池之坊駐車場などを利用（有料）。

※有馬温泉街に入ると、ナビによっては当てにならない場合もあるので注意。

神戸七福神会 編

神戸七福神会
※お問い合わせは各社寺まで。

編集協力＝春野草結
写真＝春野草結　　地図＝田村尚子　　装丁＝初瀬野一

※カバーと本文中の七福神の絵は、画家の中西勝先生によるものです。

神戸七福神めぐり

2016年1月20日　第1版第1刷

編　者　神戸七福神会
発行者　嶝　牧夫
発行所　株式会社朱鷺書房
大阪市東淀川区西淡路1-1-9（〒533-0031）
電話 06-6323-3297　Fax 06-6323-3340
振替 00980-1-3699
印刷所　株式会社シナノパブリッシングプレス

定価はカバーに表示してあります。落丁・乱丁本はお取替いたします。
ISBN978-4-88602-352-0　C0015　©2016
ホームページ http://www.tokishobo.co.jp